werner tobler   cuisinier

Für
LIZ + WILL
DENN
KOCHEN ISST SPASS!
HERZLICHST
WERNER

Sämtliche Rezepte sind,
falls nicht anders erwähnt,
für 6 Personen berechnet.

lokal saisonal

Von Martin Jenni,
einem Freund mit Appetit

mit anderen worten: verdammt gut

Ein für allemal und für alle Ewigkeit sei es hier gesagt: Ich esse nur noch bei jenen Köchen, von denen ich weiss, dass sie keine Schönschwätzer sind. Ehrliche Handwerker sind mir lieber. Ich mag keine Halbgötter in Weiss, die mit aufgerichtetem Kamm durch ihr Lokal stolzieren. Ich mag keine Köche, die mit dem Mikrofon in der Küche stehen und «ihre» Teller kontrollieren. Ich liebe Köche, die noch selbst Hand anlegen, die sich die Finger verbrennen, leise fluchen und ihr Personal mit Respekt behandeln. Ich mag keine Schaumschläger mit Reagenzgläsern und Pinzetten, keine Möchtegerne, die mit Zierleisten arbeiten und mit Kartoffelschuppen und Gemüsestroh langweilen.

Was ich schätze, sind Köche mit Bodenhaftung. Zupackende Macher, die wissen, was sie tun, was Genuss, was Natur ist, und die sich darum kümmern, wie «ihre» Rindviecher gehalten werden. Oasen, die mich dazu verleiten, zum Tagedieb zu werden und mit Appetit in Küche und Keller zu investieren.

Für einen lauwarmen Ochsenmaulsalat pilgere ich zu Alexander Rufibach nach Fraubrunnen. Für den perfekten Kalbskopf reise ich nach Villarepos zu Arno Abächerli und für den fangfrischen Hecht im Bierteig zu Max Eichenberger nach Birrwil. Habe ich Lust auf gratinierte Kutteln fahre ich zu Franz Wiget nach Steinen. Ist mir nach einem sämigen Risotto mit zartem Kaninchen zumute, suche ich Hans Gloor in Camedo auf, und mag ich es leicht und überraschend, klopfe ich bei Tanja Grandits in Basel an. Alles Köche, die ich sehr schätze.

Einer fehlt, ein Freund: Werner Tobler. Ein Verrückter, der noch kochen wird, wenn ihm der Sargdeckel schon auf den Kopf fällt. Der als Koch geboren ist, nichts dem Zufall überlässt und täglich kocht, mal opulent, mal leicht, mal klein, mal gross. Am liebsten ganze, grosse Stücke für seine Freunde und Gäste.

Bei ihm am Küchentisch zu sitzen, bedeutet Lebens-
qualität, ist eine Lernstunde für den Gaumen, die Freude
macht. Freude macht mir auch Werners Kochbuch.
Nichts Kompliziertes, kein Gourmettempel-Deutsch, dafür
ausdrucksstarke Bilder, klare Küche, klare Sprache.

Ein Kochbuch, das nicht ins Büchergestell, sondern auf
den Küchentisch gehört. Ein Kochbuch zum Benutzen,
zum Lesen, zum Schmökern. Ein Kochbuch für gute
Momente im Alltag, für Menschen, deren Verstand durch
den Bauch geht, kurz, ein Kochbuch für Genussmenschen
wie Sie, du und ich. Und wer kocht schon für sich allein
oder für zwei Personen? Eben. Darum sind alle Rezepte
für sechs Personen gerechnet. Denn schlemmen tun
wir mit der Familie, mit Freunden. Nur ernähren
tun wir uns allein.

Dieses Kochbuch hat bei den Machern so manche
Diskussion ausgelöst. Gefunden haben sie sich immer
am Tisch bei einem Glas oder zwei. Entstanden ist ein
Kochbuch, das sich wohltuend vom Einheitsbrei des
übersättigten Kochbuchmarkts abhebt.

Danke, Sylvan Müller, dem Fotografen mit dem Blick
für das Wesentliche. Danke, Oliver Roth, dem Stylisten
mit der ruhigen Hand und den Nerven aus Stahl –
und merci, Werner!

Das Wichtigste zum Schluss. Erwähnen wollen wir
noch den Fels in der Brandung, den ruhenden Pol, das
Organisationstalent... von wem ich da eigentlich rede?
Natürlich von der Lebens- und Geschäftspartnerin Uschi
Frapolli, die den Überblick behält, die ruhig denkt und
überlegt handelt, die als Letzte in der Beiz die Lichter
löscht, kurz, von der Frau, die immer etwas blass um die
Nase ist und auf dem Genussdampfer «Braui» alles im
Griff hat. Alles? Na ja, fast. Denn Werner ist immer wieder
für eine Extra-Überraschung gut. Aber das weiss Uschi,
das wissen wir alle.

Gut koch!

5

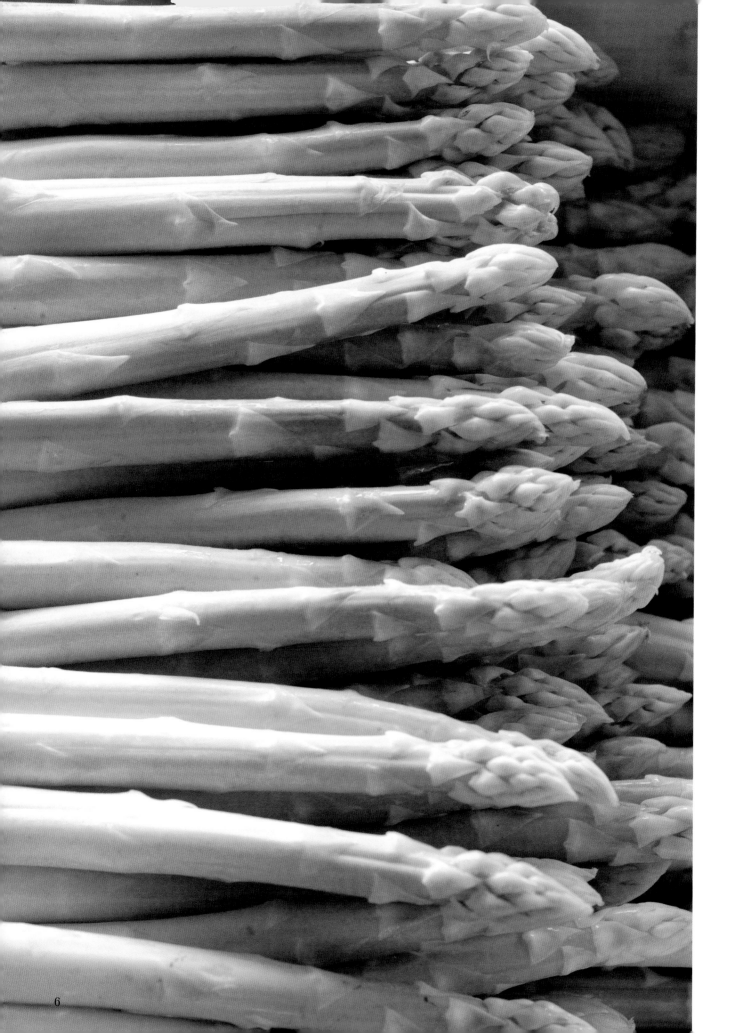

frühling

1 kg weisser Spargel,
geschält und gewaschen
1 Bund Radieschen
3 EL weisser Balsamicoessig
6 EL Sonnenblumenöl
Salz, Pfeffer aus der Mühle
1 Prise Zucker
50 g Spinatsalat

spargelsalat mit jungem spinat

*Spargel schmeckt mir am besten, wenn er noch richtig
Biss hat. Kochen Sie ihn daher für diesen Salat eher ein
bisschen zu kurz. Einen wirklich guten Spargel können
Sie eigentlich roh essen.*

Die Spargelstangen schälen und die Enden wegschneiden.
Den gerüsteten Spargel in kochendem Salzwasser knapp
weich kochen. Sofort in kaltem Wasser abschrecken und
trockentupfen. Die Spargelstangen in 5 cm lange Stücke
schneiden. Die Radieschen waschen und in 2 mm dünne
Scheiben schneiden. Alles in eine Schüssel geben, mit den
restlichen Zutaten vermischen und abschmecken. Den
Spinat ebenfalls waschen und erst im letzten Moment vor
dem Servieren unter den Salat mischen, damit er schön
grün und knackig bleibt.

Tipp: Dieser Salat ist eine wunderbare Beilage zum
Kaninchen im Glas (Seite 28) oder zum Frühlingsei
mit Senfsauerrahm (Seite 11).

6 Eier
200 g Sauerrahm
2 EL Olivenöl
1 EL grober Senf
Salz, Pfeffer aus der Mühle
einige Blätter Saisonsalat und
frische Kräuter als Garnitur

frühlingsei mit senfsauerrahm

Die Eier je nach gewünschter Härte 5 bis 10 Minuten
kochen, unter fliessendem kaltem Wasser abkühlen und
schälen. Den Sauerrahm mit den restlichen Zutaten
verrühren und abschmecken. Mit den Salaten und
den frischen Kräutern garnieren.

Tipps: Dazu brauchen Sie keine Salatsauce, der
Senfsauerrahm reicht völlig. Dieser Sauerrahm passt auch
gut zu Folien- oder Salzkartoffeln und zu Grilladen.

300 g Poulardenbrustfilets
oder Pouletbrüstchen
15 Holzspiesschen
1 EL Raz el Hanout
Salz oder Fleur de Sel
Olivenöl zum Braten

pouletspiesschen mit raz el hanout

*Raz el Hanout ist eine Gewürzmischung aus Marokko,
der Name bedeutet «Chef des Ladens» – angeblich,
weil ausser diesem keiner weiss, was wirklich drin ist.
Wenn Sie die fertige Gewürzmischung nicht bekommen,
verwenden sie einfach ein mildes Currypulver.*

Das Pouletfleisch in daumendicke Würfel schneiden,
auf Holzspiesschen stecken und mit dem Raz el Hanout
und Salz würzen. In heissem Olivenöl beidseitig goldgelb
braten. Auf Küchenpapier abtropfen und sofort servieren.

Tipp: Raz el Hanout passt ebenfalls sehr gut zu Riesencrevetten
und zu Fisch. Auch zu Lamm schmeckt es herrlich.

50 g Butter
50 g Schalotte, fein geschnitten
300 g Kartoffeln (Bintje), geschält, grob gewürfelt
500 ml Geflügelfond oder Bouillon
200 ml Rahm
Salz, Pfeffer aus der Mühle
1 Bund Schnittlauch, in Röllchen geschnitten

1 Kartoffel (Bintje), fein gewürfelt
1 EL Bratbutter
Fleur de Sel, grob gemahlener schwarzer Pfeffer

schnittlauchsuppe

*Wenn mein Jägerfreund Max in den Bergen wilden
Schnittlauch findet, gibt es bei uns in der «Braui» immer
diese Suppe. Wilder Schnittlauch schmeckt viel intensiver
als der kultivierte aus dem Garten. Sie können aber
auch diesen verwenden.*

Die Butter aufschäumen lassen und die Schalotte darin
langsam, ohne dass sie Farbe annimmt, andünsten.
Die grob gewürfelten Kartoffeln dazugeben. Mit dem
Geflügelfond aufgiessen und aufkochen, den Rahm
beigeben und alles weich kochen. Die Suppe zusammen
mit dem Schnittlauch gründlich mixen, bis eine homogene,
leicht grünliche Suppe entstanden ist. Durch ein feines
Sieb passieren, mit Salz und Pfeffer abschmecken und vor
dem Servieren nach Wunsch mit Schnittlauchröllchen
garnieren.

Die fein gewürfelten Kartoffeln in der Bratbutter knusprig
und goldbraun braten. Auf Küchenpapier abtropfen lassen,
mit Salz und Pfeffer würzen und im letzten Moment über
die Suppe streuen oder separat dazu servieren.

50 g Butter
50 g Schalotte, fein geschnitten
300 g Erbsen, frisch oder tiefgekühlt
2 EL Zucker
500 ml Geflügelfond oder Bouillon
200 ml Rahm
Salz, Pfeffer aus der Mühle
300 ml Vollmilch
1 Prise Fleur de sel

erbsen-cappuccino

Die Butter aufschäumen lassen und die Schalotte darin langsam, ohne dass sie Farbe annimmt, andünsten. Die Erbsen dazugeben und mit dem Zucker leicht glasieren. Mit dem Geflügelfond oder der Bouillon aufgiessen und aufkochen, den Rahm beigeben und alles schnell weich kochen. Die Suppe gründlich mixen, durch ein Sieb passieren und sofort in vorgewärmte Tassen verteilen.

Die Milch kurz aufkochen lassen und mit Fleur de Sel salzen, mit dem Stabmixer oder Milchschäumer aufschäumen. Kurz stehen lassen, damit der Schaum etwas fester wird. Eine Cappuccino-Milchhaube auf das Süppchen setzen und sofort servieren.

Tipps: Falls die Suppe nicht sofort serviert wird, nach dem Mixen in der Pfanne auf Eiswasser so schnell wie möglich abkühlen, damit die grüne Farbe erhalten bleibt. Vor dem Servieren wieder erwärmen. Probieren Sie es statt mit Erbsen auch mit Mais, Karotten, Blumenkohl oder Kohlrabi – schmeckt ebenfalls toll. Als Einlage das jeweils passende Gemüse, Crevetten oder Flusskrebse verwenden.

spargelgenuss in aprilluft

Reichenau, wo Hinterrhein und Vorderrhein zusammenfliessen, war einst Brückenzollstation und ist von jeher ein besonderer Kraftort.

Kräftig ist auch der Bariton von Grandseigneur Gian-Battista von Tscharner, und kräftig ist der Geschmack seiner Weine und seines weissen Spargels, der hier schon seit über hundert Jahren wächst. Bereits Kaiser Franz Joseph soll dem Spargelessen in Schloss Reichenau einst beigewohnt haben. Seine Majestät heisst heute aber Gian-Battista von Tscharner. Das Schloss ist in Familienbesitz, und Gian-Battista ist Hausherr, Verwalter und Mitbesitzer zugleich. Hinter der klassizistischen Fassade verbirgt sich das exzellente Schlosshotel Adler.

Was für ein Mann! Stattlich ist das treffende Wort. So stellen sich Unterländer einen echten Bündner Jäger vor. Der Bart leicht angegraut, die Augen schwarz und leuchtend zugleich. Augen, denen auf der Pirsch nichts entgeht. Und so ist es. Was der Schlossherr schiesst, landet im «Adler» auf dem Tisch. Na ja, fast alles.

Gian-Battista von Tscharner ist aber nicht nur Connaisseur, Jäger und Spargelbauer, sondern vor allem auch Winzer. Er gehört im Bündnerland zu den besten und zu den eigenwilligsten unter ihnen. Er ist der Einzige, der von einem Teil seiner Churer Rebberge nicht nur den rosa «Schiller» aus gemischtem Satz keltert, sondern auch einen kräftigen Blauburgunder und einen filigranen Pinot gris. Papa von Tscharner war der Erste, der diese Reben in Graubünden anpflanzte. Das war 1956. Heute werden im Hause von Tscharner beinahe zwanzig verschiedene Weine gekeltert. Einen Jeninser Gewürztraminer zum Beispiel, der – wie könnte es anders sein – mit kräftiger Frucht begeistert. Der Stolz des Hauses ist aber der Churer Blauburgunder, der über zwanzig Monate im Holzfass ausgebaut wird. Ein Wein, der im Glas tief granatrot leuchtet und mit Rubinreflexen überrascht. Übrigens: Haben die Barriques ausgedient, werden sie mit Schnaps gefüllt. Auch gut!

Jeden Frühling kommt mit Gian-Battista von Tscharner und seinem einzigartigen aromatischen Spargel ein Stück Reichenau nach Hochdorf. Werner schwärmt und schwört auf ihn. Auf beide, Grandseigneur und Spargel. Dann sitzen sie beisammen, philosophieren über dies und das, lassen es sich gut gehen und delektieren sich am zarten Spargel. Der Beste. Wer? Alle.

1 kg weisser Spargel,
geschält und gewaschen
1 EL Butter
200 g Mascarpone nature
Salz, Pfeffer aus der Mühle
1 Bund Frühlingszwiebeln

gian-battistas mascarpone-spargel

Am besten schmeckt dieses Rezept natürlich in Gian-Battistas Küche mit Spargel direkt ab seinem Feld und in Gesellschaft seiner ganzen Familie – ein Rezept, das auch nach einer Weindegustation noch ganz einfach zu kochen ist... Danke, Gian Battista!

Die Spargelstangen in 5 cm lange Stücke schneiden. Die Butter in einer Pfanne aufschäumen lassen und die Spargelstücke darin schwenken. Den Mascarpone beigeben und weiter schwenken. Mit Salz und Pfeffer abschmecken. Im letzten Moment die Frühlingszwiebeln in feine Ringe schneiden und darüberstreuen. Der Spargel sollte noch etwas Biss haben, also leicht knackig sein.

Tipps: Als Beilage oder einfach so mit gekochtem Schinken. Schmeckt auch mit grünem Spargel ausgezeichnet. Gian-Battista streut noch einige Schnittlauchblüten über sein Gericht.

500 g Kalbsmilken
1 l Wasser
1 Zwiebel, geschält
1 Lorbeerblatt
Salz

6 Blätterteigvierecke,
6 mal 6 cm gross
1 Eigelb
1 TL Wasser

12 Stangen weisser Spargel,
geschält und gewaschen
200 g frische Morcheln, geputzt
Mehl zum Bestäuben
1 EL Bratbutter
50 ml Vin jaune oder trockener Sherry
200 ml Rahm
100 g Crème fraîche
Kerbel als Garnitur

kalbsmilken im blätterteig

*Milken, auch Kalbsbries genannt, sind die Drüsen,
die sich am Hals des Kälbchens befinden, solange es noch
Milch säugt. Sie schmecken unwahrscheinlich zart
und werden leider zu oft verschmäht.*

Die Milken am besten über Nacht in kaltem Wasser
wässern, damit sie schön weiss werden und eventuell
noch in den feinen Äderchen enthaltenes Blut entfernt
wird. Für den Sud das Wasser mit der ganzen Zwiebel
und dem Lorbeerblatt aufkochen und leicht salzen.
Die Milken beigeben, 1 Minute leicht köcheln lassen,
dann in der Flüssigkeit auskühlen lassen. Anschliessend
die Milken in ihre Segmente zerzupfen, dabei Adern
und Häutchen entfernen.

Die Blätterteigvierecke mit Eigelb bestreichen und
in der Mitte des auf 180 Grad vorgeheizten Ofens
goldbraun und knusprig backen.

Die Spargeln in Salzwasser knackig kochen und abgiessen.
Die Morcheln ebenfalls in Salzwasser kurz aufkochen,
damit sie den Sand verlieren, anschliessend spülen und
trockentupfen. Die Milken mit etwas Mehl bestäuben und
in der Bratbutter goldbraun anbraten, zur Seite stellen.
Nun die Morcheln leicht anbraten und mit dem Wein
oder Sherry ablöschen. Rahm und Crème fraîche beigeben
und langsam einköcheln lassen, bis eine leichte, sämige
Sauce entstanden ist. Milken und Spargel beigeben,
warm schwenken und mit Salz und Pfeffer abschmecken.
Die Blätterteigvierecke der Länge nach aufschneiden
und mit dem Ragout füllen.

Tipp: Vin jaune ist ein Weisswein aus dem französischen
Jura. Nach der Vergärung des Mosts reift der Wein
noch mindestens sechs Jahre und drei Monate in einem
Barriquefass. Dabei verdunsten bis zu 40 Prozent der
Flüssigkeit, wodurch der Wein eine sherryartige Note
erhält. Auch ein trockener Sherry ergänzt den Geschmack
der Morcheln hervorragend.

18 Stangen weisser Spargel,
geschält und gewaschen
Mehl
200 g Sbrinz oder Parmesan
2 EL Mehl
2 Eier
Salz, Pfeffer aus der Mühle
1 Prise Paprikapulver
Mehl zum Wenden
Bratbutter

Tomatencoulis:
2 EL Butter
1 Zwiebel, fein geschnitten
1 EL Zucker
500 g Tomatenwürfel,
frisch oder aus der Dose
Salz, Pfeffer aus der Mühle

Bärlauch
als Garnitur

spargel-piccata

*Die «Milanesi» mögen es mir verzeihen, aber im Frühling
ziehe ich diese Piccata der fleischigen Variante vor.
Ein leichtes und elegantes Gericht, dazu passt ein frischer
Frühlingssalat.*

Die Spargeln schälen und in kochendem Salzwasser
knackig garen. In kaltem Wasser abschrecken und
trockentupfen. Den Käse fein reiben, mit Mehl und Eiern
mischen und mit Salz, Pfeffer und Paprika würzen.
Die Spargelstangen zuerst in Mehl, dann in der Panade
wenden und in Bratbutter goldbraun braten. Auf
Küchenpapier abtropfen lassen und anrichten.

Für den Tomatencoulis die Butter erhitzen und die
Zwiebel darin goldbraun braten, mit dem Zucker
bestreuen und diesen karamellisieren lassen. Die Tomaten
beigeben und langsam einköcheln lassen. Mit Salz und
Pfeffer würzen und separat zu den Spargeln servieren.

Tipp: Anstelle von Spargeln können Sie auf die gleiche
Art auch Frühlingszwiebeln, Fenchel, neue Karotten,
Broccoli oder Blumenkohl ausbacken.

27

900 g Kaninchenfilets, küchenfertig

400 ml Olivenöl

400 ml Weisswein, am besten Gewürztraminer

2 EL Dijonsenf

1 Chilischote, milde Sorte, halbiert und entkernt

20 Safranfäden

2 Sternanis

1 EL Koriandersamen

1 Rosmarinzweig, ganz

2 EL Honig

Salz, Pfeffer aus der Mühle

kaninchenfilets im einmachglas

*Dieses Gericht lässt sich gut im Voraus zubereiten
und ist auch kalt ein Hochgenuss. Es hält sich im
Einmachglas kühl gelagert drei bis vier Monate und
ist ein wunderbares Mitbringsel.*

Die Kaninchenfilets in ein passendes grosses Einmachglas
geben. Für den Sud alle weiteren Zutaten aufkochen, gut
durchrühren und mit Salz und Pfeffer abschmecken.
Den Sud kochend heiss über die Filets giessen und das
Glas sorgfältig verschliessen. Das Glas zum Sterilisieren
10 Minuten bei 80 Grad in den Ofen stellen, dann abkühlen
lassen. Zum Servieren die Kaninchenfilets herausnehmen,
aufschneiden und mit etwas Marinade umgiessen.

Tipp: Das Rezept funktioniert auch mit Pouletbrustfilets.
Servieren Sie dazu einen Salat oder Frühlingsgemüse
und ein gutes Brot.

1,2 kg Zander, ganz,
geschuppt und ausgenommen
3 EL flüssige Butter
Fleur de Sel
1 TL grob geschroteter
schwarzer Pfeffer

500 g weisse Spargel
100 g Kefen (Zuckerschoten)
100 g Erbsen oder Saubohnen
(Dicke Bohnen, Fave)
1 EL Butter
Salz, Zucker

Buttersauce:
150 ml Wasser
50 ml Verjus oder Weisswein
100 g Butter
Fleur de Sel
1 Messerspitze Piment d'Espelette

zander auf frühlingsgemüse

Verjus wird aus unreifen grünen Trauben hergestellt. Seine milde Säure passt sehr gut zur weissen Buttersauce (Beurre blanc). Piment d'Espelette ist ein äusserst aromatischer gemahlener Chili von milder Schärfe, der in der Region um den Ort Espelette in den französischen Pyrenäen angebaut und hergestellt wird. Sie können natürlich auch einen herkömmlichen Cayennepfeffer verwenden, sollten Sie aber Piment d'Espelette finden, lohnt sich ein Versuch auf jeden Fall. Sie werden sich in dieses Gewürz verlieben!

Den Zander gut waschen und trockentupfen. In einen Bräter geben, mit der flüssigen Butter übergiessen und würzen. Im 180 Grad heissen Ofen 20 Minuten garen.

Die Gemüse einzeln (da die einen etwas länger brauchen als die anderen) in Salzwasser knackig kochen und in kaltem Wasser abschrecken. In der Butter warm schwenken und mit Salz und Zucker abschmecken.

Für die Buttersauce (Beurre blanc) Wasser und Verjus aufkochen. Die kalte Butter beigeben und mit dem Stabmixer aufmixen, mit Fleur de Sel und Piment d'Espelette abschmecken. Den Fisch auf dem Gemüse anrichten und die Sauce separat dazu servieren.

Tipps: Auch Seeforelle oder Saibling oder Meeresfische wie Meerwolf (Branzino) eignen sich hervorragend. Wenn Sie keinen Fisch zubereiten wollen, braten Sie einfach Fischfilets. Wenn Sie Saubohnen verwenden, diese zuerst aus den Schoten lösen und kurz in Salzwasser aufkochen, dann sofort in kaltem Wasser abschrecken, damit die Farbe erhalten bleibt, und die Bohnenkerne aus den Schalen drücken.

500 g neue kleine Kartoffeln
2 Bund Frühlingszwiebeln
150 g frische Morcheln, geputzt
1 EL Butter
200 ml Rahm
Salz, Pfeffer aus der Mühle

6 Pouletbrüstchen
Salz, Pfeffer aus der Mühle
Bratbutter oder Olivenöl
1 Bund Thymian

poulet auf kartoffeln und morcheln

Zunächst das Gemüse vorbereiten: Die Kartoffeln kochen.
Die Frühlingszwiebeln in gefällige Stücke schneiden,
dabei etwas schönes Frühlingszwiebelgrün beiseitelegen.
Die Morcheln in Salzwasser kurz aufkochen und in kaltem
Wasser abschrecken, gut spülen und trockentupfen.
Die Kartoffeln ungeschält in der Butter leicht anbraten,
Frühlingszwiebeln und Morcheln dazugeben und kurz
mitbraten. Mit dem Rahm ablöschen und leicht
einköcheln lassen.

Die Pouletbrüstchen würzen und in Bratbutter oder Öl
goldbraun braten. Zum Schluss die ganzen Thymianzweige
dazugeben und mitbraten, damit er seinen wunderbaren
Geschmack an das Fleisch abgibt. Im Backofen bei 80 Grad
warm stellen und 10 Minuten ziehen lassen.

Kurz vor dem Servieren das fein geschnittene Frühlingszwiebelgrün zum Gemüse geben, mit Salz und Pfeffer
abschmecken und auf vorgewärmten Tellern anrichten.
Die Pouletbrüstchen aufschneiden und darauflegen.
Mit Thymianzweiglein garnieren.

Tipp: Sie können die Pouletbrüstchen problemlos
bereits am Vortag oder einige Stunden im Voraus
goldbraun anbraten, dann abkühlen lassen und im
Kühlschrank aufbewahren. Dann aber vor dem Servieren
im vorgeheizten Ofen bei 200 Grad 12 Minuten wieder
erwärmen. So haben Sie mehr Zeit für Ihre Gäste!

1–2 Gitzigigots, insgesamt 800–1200 g
100 ml Olivenöl
Salz, Pfeffer aus der Mühle
1 kg neue Kartoffeln, ungeschält, gewaschen
12 Schalotten, ungeschält
6 junge Knoblauchknollen, ganz
1 Flasche (700 ml) Weisswein
frische Lorbeerblätter

gitzigigot mit neuen kartoffeln

Das Zicklein heisst in der Schweiz «Gitzi» und wird traditionell in der Zeit um Ostern gegessen. Wie Milchlamm sollte es nur mit Muttermilch aufgezogen worden sein.

Das Gitzifleisch mit Olivenöl einstreichen und mit Salz und Pfeffer würzen. Die Schalotten der Länge nach halbieren, aber am Wurzelansatz nicht durchschneiden. Kartoffeln, Schalotten und Knoblauchknollen in einen Bräter geben. Den Gigot daraufsetzen, mit dem restlichen Olivenöl beträufeln und in den auf 180 Grad vorgeheizten Ofen schieben. Nach 10 Minuten das Fleisch immer wieder mit etwas Weisswein übergiessen und den Gigot insgesamt etwa 45 Minuten braten. Den Gigot aus dem Bräter nehmen und 15 Minuten warm stellen. In der Zwischenzeit den entstandenen Bratensaft abgiessen, etwas einkochen und wieder zum Gemüse geben oder separat in einer Sauciere servieren. Den Gigot aufschneiden und auf dem Gemüse anrichten.

Tipps: Die Knoblauchzehen können die Gäste selbst bei Tisch aus der Schale drücken, sie schmecken ganz mild und liegen nicht auf dem Magen. Anstelle von Gitzi kann man auch Milchlamm oder einen schönen Lammgigot verwenden, dann aber je nach Grösse die Garzeit anpassen: Bei 180 Grad Ofentemperatur rechnet man ungefähr 6 Minuten Garzeit pro 100 g Fleisch am Knochen.

2 Eier
20 ml Holunderblütensirup
20 ml Moscato d'Asti
oder anderer Süsswein

holunderblütensabayon

Alle Zutaten in eine Schüssel geben. Mit einem
Schwingbesen über einem heissen Wasserbad warm
und cremig schlagen, bis die Masse leicht bindet.
Sie sollte auf dem Rücken eines Holzkochlöffels liegen
bleiben, und wenn man darauf bläst, sollten sich
rosenblütenförmige Wellen bilden (daher heisst dies
in der Kochsprache auch «zur Rose kochen»).

Tipp: Statt Holunderblütensirup können Sie auch
Orangenblüten- oder Waldmeistersirup verwenden,
auch das schmeckt herrlich.

1 kg Rhabarber
500 ml Wasser
500 g Zucker
1 Vanillestängel,
längs aufgeschnitten

rhabarberkompott mit vanille

Für mich ist die Rhabarbersaison immer viel zu kurz...
Dieses Kompott lässt sich wunderbar auf Vorrat herstellen
und die Saison dadurch um Monate verlängern. Kochen
Sie die leeren Einmachgläser kurz auf (sterilisieren)
und verwenden Sie immer neue Schliessgummis.

Den Rhabarber schälen und in gefällige Stücke
schneiden. Die Rhabarberschalen mit Wasser, Zucker
und Vanillestängel aufkochen, vom Herd nehmen
und 5 Minuten ziehen lassen. Den Vanillestängel
herausnehmen und die Flüssigkeit durch ein feines
Sieb streichen. Die Flüssigkeit zusammen mit dem
Vanillestängel erneut aufkochen. Die Rhabarberstücke
beigeben und 20 Sekunden leicht köcheln lassen.
Die Rhabarberstücke mit einem Sieblöffel aus dem
Sud nehmen und sofort in kaltem Wasser abschrecken.
Sobald sie abgekühlt sind, wieder in den Sirup legen
und alles in sterilisierte Einmachgläser füllen.

Tipp: Rhabarberkompott schmeckt wunderbar
mit Erdbeeren und Stachelbeeren. Und dazu noch
eine Kugel Vanilleglace...

500 g Löwenzahnblüten
ohne Stiel, gesäubert
500 g Zucker

soibluemehonig

*Das ist die einzige Blume, die jeweils ich bekomme und
nicht meine Partnerin Uschi. Der Löwenzahn wächst direkt
vor unserer Küchentür. In der Zeit seiner Blüte sieht man
mich dann jeweils durch die Wiese kriechen...*

Die gesäuberten Blüten schichtweise mit dem Zucker
in ein grosses Einmachglas füllen. Das Glas verschliessen
und für eine Woche an die Sonne stellen. Auf einer
Fensterbank geht dies am besten und sieht auch noch
schön aus! Mit der Zeit bildet sich Flüssigkeit. Diese durch
ein feines Tuch absieben. Die Flüssigkeit entweder direkt
als Essenz zum Beispiel zum Verfeinern von Desserts
verwenden oder langsam etwa 30 Minuten einköcheln
lassen, bis sie eine honigartige Konsistenz hat.

Tipp: Als Essenz über ein Zitronensorbet träufeln
oder zu Vanilleglace servieren.

sommer

Konfierte Ofentomaten:
1 kg Eiertomaten oder eine andere vollreife Sorte
je 3 Zweige Rosmarin, Thymian und Lavendel,
abgezupfte Blätter
6 Knoblauchzehen, grob zerdrückt
1 EL Anissamen
2 EL Koriandersamen
1 EL Fleur de Sel
grob gemahlener schwarzer Pfeffer
200 ml Olivenöl

Klare Tomatenessenz (ergibt 8 Liter):
10 kg vollreife Tomaten
2 ganze Knoblauchknollen, halbiert
4 Zwiebeln, geschält und geviertelt
1 Bund Basilikum
1 Lorbeerblatt
1 EL getrockneter Oregano
2 EL Zucker

tomaten konfiert & tomatenessenz

*Konzentrierter Geschmack, so richtig «à la provençale» –
Feriengefühl … Wenn Sie das eine oder andere Kraut
oder Gewürz nicht mögen, einfach weglassen!*

Konfierte Ofentomaten
Die Tomaten 5 Sekunden in kochendes Wasser legen,
anschliessend kalt abschrecken, häuten und längs
halbieren. Die Tomaten mit der Schnittfläche nach oben
in eine Gratinform legen. Die gezupften Kräuter und
die Gewürze darüberstreuen und mit dem Olivenöl
grosszügig begiessen. Im Backofen bei 80 bis 100 Grad
etwa 4 Stunden langsam trocknen lassen (konfieren).

Tipps: Gut verschlossen halten sich die konfierten
Tomaten problemlos zwei Wochen im Kühlschrank.
Das in der Form zurückgebliebene «Tomatenöl» auf
gegrilltes oder getoastetes Weissbrot träufeln oder
für einen Tomatensalat verwenden.

*Zugegeben, das ist für den Privatgebrauch eine ganz
schöne Menge. Doch sind die Tomaten in der Saison
schön vollreif, lassen sie sich auf diese Weise wunderbar
einmachen und sind sterilisiert lange Zeit haltbar.
Diese Essenz brauchen wir für Saucen, Risotto, Suppen
und für vegetarische Gerichte.*

Klare Tomatenessenz
Alle Zutaten in einen grossen Topf geben und mit Wasser
bedecken. Langsam aufkochen und dann 24 Stunden auf
kleinster Flamme ziehen lassen. Ein grosses Salatsieb mit
einem feinen Passiertuch auslegen, die Tomatenmischung
hineinschütten und die Flüssigkeit langsam abtropfen
lassen (dies dauert etwa 3 bis 4 Stunden). Die Rückstände
im Sieb nicht zu stark auspressen, sonst färbt sich die
Essenz rosa oder rot. Je nach Verwendung kann die
Tomatenessenz noch eingekocht werden.

Tipp: Die nach dem Passieren zurückbleibenden festen
Rückstände nicht wegwerfen! Damit lässt sich ein
wunderbarer Sugo oder eine Tomatensuppe zaubern!

30 Brotscheiben, zirka 3–5 mm dünn geschnitten

3 EL Olivenöl

1 Knoblauchzehe, leicht gequetscht

500 g Tomaten (möglichst verschiedene Sorten
und Farben), gewaschen und vom Strunk befreit

1 rote Zwiebel, in feine Streifen geschnitten

1 Knoblauchzehe, fein geschnitten

5 EL weisser Balsamicoessig

10 EL Olivenöl

1 EL Zucker

10 Basilikumblätter, in feine Streifen geschnitten

Fleur de Sel, grob gemahlener schwarzer Pfeffer

6 Ziegenfrischkäse oder Formaggini

6 EL Petersilienöl

Petersilienöl:

75 g glattblättrige italienische Petersilie

300 ml Olivenöl

1 TL Salz

tomatensalat mit ziegenfrischkäse

*«Panzanella» nennt man diesen toskanischen Brotsalat
im Original. Wir peppen das Ganze mit verschiedenfarbigen
Tomaten auf und servieren es mit feinstem einheimischem
Ziegenkäse!*

Die Brotscheiben auf ein Backblech legen, mit Olivenöl
beträufeln und zum Parfümieren die zerdrückte
Knoblauchzehe beigeben. Im Ofen bei 180 Grad kurz
knusprig backen und auskühlen lassen. Die Tomaten in
nicht zu dicke Scheiben oder Spalten schneiden und in
eine flache Form oder Schüssel geben. Mit den restlichen
Zutaten vermischen und zugedeckt mindestens einen
halben Tag ziehen lassen – aber nicht im Kühlschrank,
denn sonst verlieren sie ihr fantastisches Aroma fast
vollständig! Die Brotscheiben locker mit dem Tomatensalat
vermischen und anrichten. Die Ziegenkäse danebenlegen
und mit etwas Petersilienöl begiessen.

Tipps: Verwenden Sie am besten Sauerteigbrot oder
Ciabatta und wählen Sie Büffelmozzarella (Mozzarella
di bufala) oder einen guten, nicht zu kräftigen Pecorino.
Sie können zusätzlich noch frische Gurke oder Avocado
unter den Salat mischen.

Petersilienöl

Die abgezupften Petersilienblättchen mit dem Olivenöl
und dem Salz so lange mixen, bis ein knallgrünes Öl
entstanden ist. Dies geschieht am besten in einer auf
Eis gestellten Schüssel, damit das Öl möglichst seine
leuchtend grüne Farbe behält. Das Öl durch ein feines
Sieb streichen.

Tipps: Dieses Öl ist in meiner Küche seit Jahren
unentbehrlich und kommt fast überall zum Einsatz –
es ist quasi meine Visitenkarte! Machen Sie davon gleich
die 3- bis 4-fache Menge. Gut verschlossen hält es sich
2 bis 3 Wochen im Kühlschrank. Es eignet sich für Salate,
zur Dekoration der Teller und in Saucen. Mit etwas
Bärlauch im Frühling oder Basilikum im Sommer
erhält das Öl nochmals eine andere, neue Note.

2 vollreife Cavaillon-Melonen
100 g Joghurt nature
100 ml Champagner oder weisser Portwein
3 EL Olivenöl
3 EL Zucker
Pfeffer aus der Mühle
6 Basilikumblätter, in feine Streifen geschnitten

melonensuppe mit basilikum

Die Melonen halbieren und entkernen. Mit einem
Kugelstecher (Pariserlöffel) 36 schöne Melonenkugeln
ausstechen und diese am besten tiefkühlen. So wirken
sie später wie Eiswürfel, nur aromatischer. Den Rest
des Melonenfleischs aus der Schale lösen und in einen
Mixbecher geben. Joghurt, Champagner, Olivenöl, Zucker
und etwas Pfeffer beigeben und mixen. In eine Schüssel
füllen und kalt stellen. Vor dem Servieren nochmals
mit Pfeffer aus der Mühle abschmecken. Die Suppe
in vorgekühlte Teller oder Tassen verteilen.
Die gefrorenen Melonenkugeln dazugeben und
mit dem Basilikum bestreuen.

Tipps: Vor dem Gast etwas Champagner in die Suppe
giessen … und während der Zubereitung ein Glas
«in» den Koch oder die Köchin! Statt Champagner kann
man auch Prosecco oder Sekt nehmen.

Schalotten-Honig-Quiche mit Thymian:
1 ausgerollter Blätterteigboden,
am besten Butterblätterteig
500 g Schalotten, geschält
2 EL Olivenöl
1 EL Honig
grob gemahlener schwarzer Pfeffer,
Fleur de Sel
3 Thymianzweiglein

Tomatenquiche mit Provence-Aromen:
1 ausgerollter Blätterteigboden,
am besten Butterblätterteig
6–10 vollreife Tomaten je nach Grösse
1 TL Koriandersamen
½ TL Anissamen
1 TL Lavendelblüten
1 TL Thymianblättchen
1 Zweig Rosmarin, Nadeln abgezupft
Fleur de Sel, Pfeffer aus der Mühle,
Zucker
3 EL Olivenöl

Peperoniquiche mit Oliven:
1 ausgerollter Blätterteigboden,
am besten Butterblätterteig
je 1 rote, gelbe und orange Peperoni
(Paprikaschote), halbiert, entkernt
Olivenöl
Fleur de Sel, Pfeffer aus der Mühle
3 EL entsteinte schwarze Oliven
6 kleine Rosmarinzweiglein
2 EL Olivenöl

drei sommerliche quiches

Schalotten-Honig-Quiche mit Thymian
Eine grosse Kuchenform von etwa
30 cm Durchmesser mit dem Blätterteig auslegen und mit einer Gabel
leicht einstechen. Die Schalotten
vierteln, im Olivenöl glasig dünsten
und mit dem Honig und den Gewürzen
abschmecken. Auf dem Blätterteig
verteilen. Die Quiche im vorgeheizten
Ofen bei 180 Grad knusprig backen.
Noch lauwarm servieren.

Tipp: Sie können auch normale
Zwiebeln oder Gemüsezwiebeln
verwenden. Wer Honig nicht mag,
lässt diesen weg und gibt stattdessen
entkernte schwarze Oliven und/
oder Anchovis (Sardellenfilets) dazu.
Anchovis allerdings mag nur unser
Foodstylist, ich nicht…

Tomatenquiche mit Provence-Aromen
Eine grosse Kuchenform von etwa
30 cm Durchmesser mit dem Blätterteig auslegen und mit einer Gabel
leicht einstechen. Die Tomaten
waschen und den Stielansatz entfernen. Die Tomaten quer halbieren
und auf den Teig setzen. Die Gewürze
und Kräuter darüberstreuen, mit
Salz, Pfeffer und Zucker würzen
und mit dem Olivenöl beträufeln.
Im vorgeheizten Ofen bei 180 Grad
knusprig backen. Noch lauwarm
servieren.

Peperoniquiche mit Oliven
Den Blätterteig zu Rechtecken von
12 mal 40 cm ausrollen oder zuschnei-
den, auf ein mit Backpapier belegtes
Blech legen und mit einer Gabel
leicht einstechen. Die Peperonihälften
mit der Schale nach oben auf ein
Backblech oder in eine Gratinform
setzen, mit Olivenöl bestreichen und
10 Minuten im 180 Grad heissen Ofen
backen, bis sich die Haut bräunt und
abzulösen beginnt. Aus dem Ofen
nehmen und auskühlen lassen, dann
die Peperoni schälen und der Länge
nach in dicke Streifen schneiden. Die
Peperonistreifen mit abwechselnder
Farbe längs auf den Blätterteig legen.
Mit Salz und Pfeffer würzen, Oliven
und Rosmarin darüber verteilen
und alles mit Olivenöl beträufeln.
Im vorgeheizten Ofen bei 180 Grad
knusprig backen. Noch lauwarm
servieren.

6 Kaninchenrückenfilets,
pariert (Silberhaut entfernt)
Fleur de Sel,
grob gemahlener schwarzer Pfeffer
2 EL Bratbutter oder Olivenöl

Peperonicoulis:
3 EL Butter
2 rote Peperoni (Paprikaschoten),
entkernt, klein geschnitten
50 ml Wasser
Salz, Pfeffer aus der Mühle
1 TL Zucker

1 Gemüsezwiebel,
in grössere Würfel geschnitten
200 g Eierschwämmchen
(Pfifferlinge)
1 EL Butter
18 neue Kartoffeln
1 EL Olivenöl
Fleur de Sel
18 frische Lorbeerblätter

kaninchen auf peperonicoulis

Die Kaninchenrückenfilets würzen und in der
Bratbutter rundherum etwa 3 bis 4 Minuten braten,
warm stellen. Das Fleisch sollte rosa sein; auf keinen
Fall zu lange braten, sonst wird es trocken.

Für den Peperonicoulis die Butter erhitzen, die Peperoni
dazugeben und mit dem Wasser weich dünsten. Alles
zusammen gründlich mixen und durch ein feines Sieb
streichen, würzen und mit etwas Zucker abrunden.

Die Gemüsezwiebel mit den Pilzen in einer Pfanne
kurz anbraten und würzen. Die Kartoffeln mit Olivenöl
einstreichen und salzen, im Ofen bei 180 Grad etwa
30 Minuten garen. Die Kartoffeln leicht auskühlen lassen,
quer einschneiden, je ein Lorbeerblatt einschieben
und nochmals für 5 Minuten in den Ofen geben.
Den Peperonicoulis auf vorgewärmte Teller geben,
Zwiebeln und Eierschwämmchen darauf verteilen.
Die Kaninchenrückenfilets aufschneiden und mit
den Lorbeerkartoffeln dazulegen.

Tipp: Pouletbrüstchen oder Lamm passen ebenfalls oder
auch ein schöner Fisch, Garnelen (Crevetten, Gambas)
oder Jakobsmuscheln – ein Sommer-Allround-Rezept!

tutto bene in ferragosto

Nonna und Nonno kennen sich, sind aber nicht miteinander «verbandelt». Sie begegnen sich immer wieder in Werners Küche. Sie aus Apulien, er aus Ligurien. Da liegen nun Focaccia, Pasta, Zuchettiblüten und mehr auf dem Küchentisch – und davor Werner, der die Köstlichkeiten in seine Gerichte einbindet. Für einmal eine Prise Italianità in Hochdorf.

Nein, durch seine Adern fliesst kein italienisches Blut. Obwohl bei seinem Temperament der Verdacht nahe liegen könnte. Und unsere zwei Italiener sind mit Werner auch nicht verwandt. Dennoch behandeln sie ihn wie ihren eigenen Sohn und verwöhnen ihn nach allen Regeln der Kunst. Werner muss doch bei Kräften bleiben, bei der schweren Arbeit. Der Arme. «Allora, mangia!»

Ihre Namen in Druckerschwärze auf weissem Blatt? In einem Kochbuch verewigt? Gott bewahre! Es reicht, wenn die Todesanzeige in der Zeitung steht. Was zwischen Werner und ihnen geschieht, ist privat. Basta! Da braucht es keine Namen. Warum überhaupt ein Kochbuch? Werner kocht aus dem Kopf und mit dem Wissen in den Fingern. Sie sind stolz auf ihren «Braui»-Koch. Und dennoch: Die Rezepte der Nonna kann Werner ihr nicht entlocken. Zwar redet sie ununterbrochen davon, wie etwas zubereitet wird und welche Zutaten es für ihre Köstlichkeiten braucht – in Rezepte fassen lässt sich das Ganze aber nicht.

Werners Kochlaune ist trotzdem heiter. Vorwiegend dann, wenn die Nonna ihre Kochschatztruhe öffnet und Werner eine Kleinigkeit in die «Braui» vorbeibringt. Nur für ihn allein. Wobei das «Kleine» sich oft als eine Portion für eine zwölfköpfige Familie entpuppt. Also wird mit den Gästen geteilt. Eingelegte Auberginen, Artischocken & Co. Und dann eben die Pasta. So, wie sie sein muss. Schlicht perfekt. Perfekt, wie die Nonna selbst, die immer wie aus dem Ei gepellt ist: Die Frisur sitzt, das Deux-pièces passt, die Schuhe sind poliert, die Handtasche perfekt assortiert. Alles in Form.

Bei Nonno sitzt und passt nichts zusammen. Ist egal. Man ist Mann. Nur der Blumenstrauss, der passt immer. Den bringt er stets für Werners Partnerin Uschi mit und überreicht ihn mit Grandezza.

So liebenswert sie sind, so stur können beide sein. Wie war das doch gleich mit den Namen? War ja nur so eine Frage. Wir kapitulieren, akzeptieren und lassen ihre Identität im Geheimen. «Mille grazie» – für alles und im Speziellen für eure Herzlichkeit und Zuverlässigkeit, für Focaccia, Zuchettiblüten und überhaupt. Und natürlich für die Blumen. «Tutto bene.» Der Sommer kann kommen.

250 g mehlige Kartoffeln, geschält
1 kg Zopfmehl
60 g Hefe
24 g Salz
50 ml Milch, handwarm

750 g Cherrytomaten
1 TL getrockneter Oregano
1 Prise Salz
Olivenöl
(ergibt 1 Kuchenblech)

focaccia della nonna

Immer wenn uns unsere Nonna besucht, bringt sie uns ihre Focaccia mit. Um dieses Stück Apulien reisst sich dann die ganze Küche. Und nun hat sie uns endlich ihr Rezept verraten. Danke, Nonna!

Die Kartoffeln in Salzwasser weich kochen, abgiessen und erkalten lassen. Durch ein Passevite oder eine Kartoffelpresse drücken. Das Mehl auf die Arbeitsfläche sieben und die Kartoffeln dazugeben. Die Hefe mit Salz und Milch auflösen, beifügen und alles langsam zu einem Teig kneten. Den Teig mit einem feuchten Tuch bedeckt an einem warmen Ort gehen lassen. Dann erneut durchkneten. Das Ganze dreimal wiederholen.

Den Teig flach auf ein mit Olivenöl ausgestrichenes Blech drücken und nochmals zugedeckt gehen lassen. Die Tomaten in kleine Würfel schneiden, mit Oregano und Salz mischen. Kleine Löcher in den Focacciateig drücken und die Tomaten hineinpressen. Mit Olivenöl grosszügig beträufeln und im vorgeheizten Ofen bei 200 Grad (Umluft 180 Grad) etwa 30 Minuten backen.

18 Eglifilets, Mittelgräte
mittels V-Schnitt entfernt
Fleur de Sel
6 Zucchiniblüten,
grüner Stielansatz entfernt
3 EL Olivenöl

Tomatenbutter:
200 ml Tomatenessenz
(Rezept siehe Seite 44)
50 g Crème fraîche
100 g Butter, kalt
Salz, Pfeffer aus der Mühle,
1 Prise Zucker

Ratatouille:
je 1 grüne und gelbe Zucchetti
je 1 rote, gelbe und orange Peperoni, geschält
1 kleine Aubergine
je 12 rote und gelbe Cherrytomaten, ganz
3 EL Olivenöl
Salz, Pfeffer aus der Mühle

nonnos eglifilets in zucchiniblüte

*Nonno bringt uns die Blüten, und dafür bekommt er
ein kühles Bierchen und ein Fischchen!*

Die Eglifilets mit Fleur de Sel salzen und jeweils 3 Stück
aufeinanderlegen. Die Zucchiniblüten aufklappen, die
Eglifiletpäckchen hineinlegen und darin einhüllen.

Für die Tomatenbutter die Tomatenessenz aufkochen,
die Crème fraîche dazugeben und etwas einkochen lassen,
mit der kalten Butter aufmixen und abschmecken.

Für das Ratatouille die Gemüse in Rauten schneiden und
im Olivenöl kurz anbraten, die Cherrytomaten erst gegen
Schluss beigeben, damit sie ganz bleiben, abschmecken.
Das Ratatouille auf vorgewärmten Tellern anrichten
und mit der Tomatenbutter begiessen. Die gefüllten
Zucchiniblüten im Olivenöl braten und daraufsetzen.

Für 8 bis 10 Personen

2 kg Kalbsbrust
Fleur de Sel,
grob gemahlener schwarzer Pfeffer
500 ml Weisswein
500 ml Geflügelfond
100 g weiche Butter
3 EL Honig
1 EL Lavendelblüten

glasierte kalbsbrust an lavendel

*Eines meiner Lieblingsgerichte in diesem Buch! Bereiten Sie ruhig
ein grosses Stück Fleisch zu – es schmeckt auch aufgewärmt oder kalt
ganz hervorragend und wird eigentlich von Tag zu Tag besser…*

Die Kalbsbrust auf der Fettseite rautenförmig leicht einschneiden; so gibt
das Fleisch mehr Fett ab und wird knuspriger. Das Fleisch mit Salz und
schwarzem Pfeffer würzen und mit der Fettschicht nach unten in einen Bräter
legen. Bei 200 Grad 30 Minuten im Ofen braten, dann umdrehen, Weisswein und
Geflügelfond dazugiessen, die Ofentemperatur auf 150 Grad reduzieren und die
Kalbsbrust langsam eine weitere gute Stunde garen; dabei immer wieder mit
der Bratflüssigkeit übergiessen. Das Fleisch herausnehmen und warm halten.

Die verbliebene Flüssigkeit durch ein Sieb in eine Pfanne giessen und mit
einem Löffel vorsichtig dem Rand entlang das auf der Oberfläche schwimmende
Fett abschöpfen. Köcheln lassen, bis die Sauce leicht bindet.

Die Butter mit Honig und Lavendel gut mischen und auf die Kalbsbrust streichen.
Im Ofen bei 180 Grad 10 Minuten glasieren, dabei immer wieder bepinseln,
bis das Fleisch schön glänzt. Das verbliebene Honig-Lavendel-Gemisch zur Sauce
geben, diese eventuell nochmals etwas einkochen und abschmecken.

Tipps: Eine wunderbare Alternative ist Schweinebauch. Auch gebratene
Entenbrüste schmecken mit diesen Aromen fantastisch. Dazu passt gut das
Couscous mit Trockenfrüchten von Seite 137 oder Kartoffelpüree.

1 oder 2 Kalbshaxen à zirka 1,3 kg   2 Karotten, geschält
2 l Geflügelfond   2 Pfälzerrüben, geschält
1 Flasche Weisswein   1 Kohlrabi, geschält
2 Zwiebeln   100 g Stangensellerie
3 Knoblauchzehen   100 g Erbsen, frisch oder tiefgekühlt
1 Lorbeerblatt   1 EL Butter
1 TL Safranpulver   Salz, Pfeffer aus der Mühle, Zucker
1 Chilischote, ganz
Salz
20 Safranfäden

glasierte kalbshaxe im safranfond

Meine Variante des Münchner «Wies'n»-Klassikers.
Aber Schuhbeck macht's auch gut…

Geflügelfond und Weisswein mit Zwiebeln, Knoblauch
und den Gewürzen (bis auf die Safranfäden) aufkochen,
die Haxen in den Fond legen, erneut aufkochen und dann
auf kleinster Hitze zugedeckt etwa 1½ Stunden ziehen
lassen, bis das Fleisch gar ist. Herausnehmen und warm
stellen. Die Flüssigkeit einkochen, bis sie leicht bindet.
Durch ein feines Sieb streichen. Die Safranfäden als
zusätzlichen Geschmacks- und Farbakzent beigeben. Die
Haxen wieder hineinlegen und durch stetes Übergiessen
mit Flüssigkeit glasieren, das heisst die Flüssigkeit weiter
einköcheln lassen, bis die Haxe schön glänzt.

Die Gemüse in gefällige Stücke schneiden. Die Butter
in einer Pfanne aufschäumen lassen. Die Gemüse beigeben
und zugedeckt kurz weich dünsten; sie sollten aber
noch einen leichten Biss haben. Mit Salz, Pfeffer und
Zucker abschmecken.

Tipp: Dazu Kartoffelpüree nature oder mit etwas
frischem Basilikum.

6 Kaninchenschenkel
500 ml Olivenöl
300 ml Weisswein
6 Schalotten, geschält
je 1 rote und gelbe Peperoni (Paprikaschote),
geschält, entkernt
2 Fenchel
2 junge ganze Knoblauchknollen
50 g entsteinte schwarze Oliven
2 Rosmarinzweiglein
2 Lorbeerblätter
2 milde Chilischoten
Fleur de Sel,
grob gemahlener schwarzer Pfeffer

kaninchenschenkel in olivenöl

*Sommer pur! Saftiger wird Kaninchen nie! Die Schenkel
schmecken auch kalt ganz wunderbar, ideal zum
Mitnehmen für ein Picknick. Ich geniesse dazu am liebsten
ein knuspriges Baguette.*

Die Kaninchenschenkel in eine Pfanne passender Grösse
geben und mit Olivenöl und Weisswein bedecken. Die
Schalotten der Länge nach halbieren, aber nicht ganz
durchschneiden. Die Peperoni in breite Streifen schneiden.
Die Fenchelknollen in sechs Teile schneiden. Alles
zusammen mit den Gewürzen und Kräutern zu den
Kaninchenschenkeln geben und auf dem Herd aufkochen.
Dann im Ofen bei 100 Grad ganz langsam garen lassen,
bis das Fleisch schön zart ist (das dauert etwa 1¼ Stunden).

Tipps: Eine spezielle frische Note verleihen Sie dem
Gericht mit etwas Zitronen- und/oder Orangenschale.
Nach dem gleichen Rezept kann man auch Pouletschenkel
zubereiten, diese sind aber bereits in etwa 30 Minuten gar.
Wenn Sie mögen, köcheln Sie gleichzeitig einige neue
Kartoffeln mit, dann haben Sie die Beilage auch schon!

12 Frühlingszwiebeln
200 g Dattel- oder Cherrytomaten
500 g neue Kartoffeln (am besten La Ratte), gekocht
500 g Eierschwämmchen (Pfifferlinge)
6 Knoblauchzehen, ungeschält
3 EL flüssige Butter
Fleur de Sel, Pfeffer aus der Mühle

6 Thymianzweiglein
2 Eigelb

sommergemüse «en papillote»

Alle Gemüsezutaten samt Pilzen und Knoblauch in einer Schüssel mit der flüssigen Butter vermischen, mit Fleur de Sel und Pfeffer würzen. Backpapier in 6 möglichst grosse Quadrate schneiden und diese jeweils über Eck zu einem Dreieck legen. Das Gemüse in die entstandene Tasche füllen und jeweils mit einem Thymianzweiglein garnieren. Das Backpapier am Rand mit Eigelb bestreichen und zusammenfalten, den Rand nochmals mit etwas Eigelb bestreichen und nochmals falten, so dass das Paket gut verklebt und verschlossen ist. Im vorgeheizten Ofen bei 180 Grad 20 Minuten backen.

Tipps: Steinpilze oder Trüffel dazugeben. Mit anderem Gemüse schmeckt es ebenfalls. Ein paar ausgelöste rohe Garnelen (Crevetten, Gambas) oder kleine Tintenfischchen dazugeben und schon haben Sie ein ganz neues Gericht. In Aluminiumfolie eingepackt, ist dieses Gericht perfekt für den Grill.

6 Kalbsbäckchen (nur das Fleisch)
200 ml Weisswein
500 ml Geflügelfond
Salz

Bohnensalat:
150 g grüne Bohnen
150 g gelbe Butterbohnen
3 EL Olivenöl
1 rote Zwiebel, fein geschnitten
½ Zitrone, Saft
3 EL weisser Balsamicoessig
3 EL vom entstandenen Kalbskochsud
Fleur de Sel, grob gemahlener schwarzer Pfeffer

kalbsbäggli auf bohnensalat

*Kalbsbacken sollten Sie unbedingt beim Metzger
vorbestellen. Dieser zarte Teil des Kalbskopfs wird
immer mehr zu einem selten gehandelten Artikel.*

Die Kalbsbäckchen mit Weisswein, Geflügelfond und
wenig Salz ganz langsam, bei kleinster Hitze 1 Stunde
weich kochen, im Sud warm stellen.

Für den Salat die beiden Bohnensorten in Salzwasser
weich kochen und in kaltem Wasser abschrecken, damit
die Farbe erhalten bleibt. Für die Vinaigrette das Olivenöl
erhitzen und die fein geschnittene rote Zwiebel darin
ganz kurz andünsten. Mit dem Zitronensaft ablöschen,
gut durchrühren und erkalten lassen. Die Zwiebeln
erhalten so eine schöne rot-violett leuchtende Farbe.
Den Balsamico und den Kochsud zu den Zwiebeln geben
und nochmals etwas erwärmen. Die Bohnen beifügen und
lauwarm schwenken. Die Kalbsbacken auf den Bohnen
anrichten und mit etwas Fleur de Sel bestreuen.

Tipps: Als Alternative geht auch ein schönes nicht zu
mageres Siedfleisch vom Rind oder Kalb. Servieren Sie
knusprig gebratene Bratkartoffeln und nach Belieben
frisch geriebenen Meerrettich dazu – das passt perfekt.
Kochen Sie die Bohnen ziemlich weich; wenn sie noch zu
fest sind, «quietschen» sie beim Zerbeissen im Mund.

Je 2 gelbe und grüne Zucchetti
1 Aubergine
3 Tomaten
Salz, Pfeffer aus der Mühle
½ Bund Thymian
6 Knoblauchzehen, geschält
Olivenöl

sommergratin

Sieht super aus, schmeckt auch so und ist schnell gemacht!

Die Gemüse in 3 mm dicke Scheiben schneiden.
Auberginen und Zucchetti mit Salz bestreuen und
30 Minuten stehen lassen, damit sie Wasser verlieren,
anschliessend trockentupfen. Eine Gratinform mit Olivenöl
ausstreichen und die Gemüse abwechselnd schichtweise
in die Form legen, mit Salz und Pfeffer würzen. Die
Thymianzweige und die Knoblauchzehen dazulegen.
Alles mit Olivenöl grosszügig begiessen und im
vorgeheizten Ofen bei 180 Grad 30 Minuten backen.

Tipps: Wer's mag, gibt ein paar Sardellenfilets dazu.
Auch Mozzarellascheiben oder geriebener Sbrinz
passen hervorragend.

1 kg Rinds- oder Kalbskutteln (am besten
vom Blättermagen, fragen Sie Ihren Metzger!)
1 l Tomatenessenz (siehe Seite 44)
2 Zwiebeln, fein geschnitten
3 Knoblauchzehen, geschält
Salz, Pfeffer aus der Mühle
1 EL Mehl
50 ml Weisswein
300 g Crème fraîche
50 g Butter in Flocken

Pestokartoffeln:
18 kleine Kartoffeln (Charlotte oder Bintje),
geschält, grössere längs geviertelt
½ Bund Basilikum
1 Knoblauchzehe, geschält
3 EL Olivenöl
Fleur de Sel
konfierte Tomaten (siehe Seite 44)

kutteln mit pestokartoffeln

*Kutteln dürfen in meinem Buch nicht fehlen, sie sind
meine Leibspeise, und für gute Kutteln laufe ich weit,
sehr weit! Ich bin entschieden der Meinung, dass sie völlig
unterschätzt werden.*

Die Kutteln mit der Tomatenessenz, Zwiebeln und
Knoblauch in einen grossen Topf geben, salzen und
pfeffern und bei kleiner Hitze etwa 30 Minuten weich
kochen. Die Kutteln aus dem Sud heben. Das Mehl im
Weisswein glattrühren und zum Kochsud geben, ebenfalls
die Crème fraîche und die Butterflocken. Alles einköcheln
lassen, bis die Flüssigkeit bindet, dann sehr gründlich
mixen und durch ein Sieb streichen. Die Kutteln wieder
beigeben, erwärmen und nochmals abschmecken.

Die Kartoffeln in kaltem Salzwasser aufsetzen, aufkochen
und weich garen. Die Basilikumblätter mit Knoblauch, Öl
und Salz im Cutter (Moulinette) oder Mörser zu einer Paste
pürieren. Die Kartoffeln darin schwenken. Die Kutteln
mit den Pestokartoffeln anrichten und mit konfierten
Tomaten garnieren.

Tipp: Wählen Sie wenn möglich Kalbskutteln,
sie sind am allerfeinsten.

6 Eigelb
1 Vanillestängel, ausgekratztes Mark
70 g Zucker
200 ml Milch
200 ml Doppelrahm

100 g Walderdbeeren
4 EL Rohrzucker

crema catalana mit walderdbeeren

Alle Zutaten zur Creme gut verrühren und durch ein Sieb streichen. In ofenfeste Förmchen abfüllen und die Waldbeeren auf die Förmchen verteilen. Zugedeckt bei 90 Grad im Steamer 15 Minuten dämpfen oder in einem Wasserbad im Ofen bei 125 Grad etwa 30 Minuten stocken lassen, bis die Masse fest ist. Mindestens 4 Stunden im Kühlschrank erkalten lassen. Vor dem Servieren die Oberfläche der Creme mit Rohrzucker bestreuen, leicht aufklopfen und den Rand von eventuellen Zuckerkristallen reinigen. Mit dem Bunsenbrenner oder bei grösster Oberhitze im Ofen goldbraun karamellisieren.

Tipps: Statt halb Milch, halb Doppelrahm 400 ml Rahm nehmen. Anstelle von Walderdbeeren können Sie auch andere Aromen verwenden, z.B. 1 EL kandierten Ingwer, 1 geriebene Tonkabohne, 1 Teelöffel Lavendelblüten oder die abgeriebene Schale von 1 Orange.

Variante: Weisse Mokka-Crema-catalana
Die Milch-Rahm-Mischung bzw. den Rahm mit 200 g Kaffeebohnen mischen und 2 Tage im Kühlschrank stehen lassen, damit die Flüssigkeit den Kaffeegeschmack annimmt. Dann ohne zu Erwärmen durch ein Sieb abgiessen und weiterfahren, wie im Rezept beschrieben. Die Kaffeebohnen nicht wegwerfen, sondern waschen und trocknen und noch weitere 2- bis 3-mal verwenden!

2 Blatt Gelatine
500 ml Rahm
50 g Zucker
1 Vanillestängel, halbiert,
Mark ausgekratzt

Erdbeercoulis:
200 g Erdbeeren
40–50 g Zucker
Pfeffer aus der Mühle
100 g Erdbeeren,
in Stücke geschnitten

pannacotta mit erdbeercoulis

*Ein Klassiker, der auf unserer Speisekarte nicht fehlen darf,
sonst laufen unsere Stammgäste Sturm…*

Die Gelatine in sehr kaltem Wasser einweichen.
Alle anderen Zutaten 10 Minuten leise köcheln lassen.
Durch ein Sieb streichen. Die eingeweichte Gelatine gut
ausdrücken und unter die noch warme Flüssigkeit rühren.
Etwas erkalten lassen, dann in Förmchen abfüllen und
kalt stellen, bis die Masse fest ist.

Für das Erdbeercoulis die Erdbeeren mit dem Zucker
kurz mixen und durch ein feines Sieb streichen, mit
etwas Pfeffer abschmecken. Die restlichen zerkleinerten
Erdbeeren als Einlage dazugeben. Zur Pannacotta
servieren.

Tipps: Das Fruchtcoulis lässt sich variieren, probieren
Sie es mit Himbeeren, Mango, marinierten Beeren oder
Walderdbeeren. Geben Sie etwas Holunderblütensirup auf
die Pannacotta – Sie werden überrascht sein, wie gut das
schmeckt! Den Vanillestängel nicht wegwerfen, sondern
in Zucker einlegen; so erhalten Sie einen wundervollen,
hoch aromatischen natürlichen Vanillezucker!

1 EL Olivenöl
50 g Zucker
6 Zweige Rosmarin,
Nadeln abgestreift
500 g Aprikosen,
halbiert und entsteint

aprikosen in rosmarin-karamell

Das Olivenöl erhitzen und den Zucker darin hellbraun
karamellisieren. Die Rosmarinnadeln beifügen, um den
Karamell zu parfümieren. Die Aprikosen dazugeben
und bei schwacher Hitze darin schwenken, bis sich der
karamellisierte Zucker aufgelöst hat. Lauwarm servieren.

Tipps: Verwenden Sie statt der Aprikosen Pfirsiche
oder Zwetschgen. Dazu Vanille- oder Sauerrahmglace
servieren. Heiss in Einmachgläser abgefüllt, lässt sich
dieses Dessert auch gut auf Vorrat herstellen!

5 Eier
50 g Honig
50 g Zucker
50 g Mandeln, gemahlen,
oder Marzipanrohmasse
150 g Mehl
100 ml Rahm
1 EL Kirsch
500 g Kirschen, entsteint
Butter für die Form
Puderzucker

kirschen-clafoutis mit mandeln

Ein herrliches Sommerdessert! Am liebsten habe ich es mit Kirschen, Sie können aber auch andere Früchte verwenden, zum Beispiel Zwetschgen, Birnen, Aprikosen, Pfirsiche, Feigen oder Himbeeren.

Alle Zutaten, ohne die Kirschen, zu einem glatten Teig rühren und 1 Stunde im Kühlschrank ruhen lassen. Eine Gratinform oder kleine Förmchen mit Butter ausstreichen, den Teig einfüllen und die Kirschen darauf verteilen. Bei 180 Grad (Umluft 170 Grad) je nach Grösse der Förmchen 20 bis 30 Minuten backen. Mit Puderzucker bestreuen und möglichst noch lauwarm servieren.

Tipp: Dazu passt Vanille- oder Sauerrahmglace.

Zitronensorbet:
200 ml Zitronensaft
200 ml Zuckersirup
200 ml Mineralwasser

Zuckersirup:
500 g Zucker
500 ml Wasser

Konfierte Zitronen:
2 unbehandelte Zitronen oder Orangen
100 ml Zuckersirup

zitronensorbet

Alle Zutaten zum Sorbet mischen und in der Eismaschine
oder im Tiefkühlfach unter gelegentlichem Umrühren
gefrieren lassen. Das Sorbet nach Belieben mit konfierten
Zitronenzesten garnieren.

Zuckersirup
Zucker und Wasser 10 Minuten köcheln lassen. Erkalten
lassen und in saubere Flaschen abfüllen. Der Zuckersirup
hält sich sehr lange und lässt sich überall verwenden,
wo Zucker in flüssiger Form gebraucht wird, zum Beispiel
für Fruchtsalat oder Glace.

Konfierte Zitronen-/Orangenzesten
Mit einem Zestenreisser die äusserste Schalenschicht
ohne das bittere Weisse von den Zitronen oder Orangen
abschälen. Die Zesten im Zuckersirup durch langsames
Einkochen konfieren, das heisst die Zesten werden
verzuckert.

herbst

50 g Butter
1 Zwiebel, gewürfelt
500 g Kürbis, gewürfelt
500 ml Geflügelfond oder Bouillon
250 ml Rahm
1 Prise Zucker, Salz, Pfeffer aus der Mühle

1 EL Butter
2 EL kleine Selleriewürfel
2 EL Zucker
100 g Marroni, frische geschält oder aufgetaute
100 ml Geflügelfond
Salz, Pfeffer aus der Mühle
schwarze Trüffel, nach Belieben und Geldbeutel

kürbissuppe mit marroni

*Auch ohne Marroni und Trüffel schmeckt diese
wunderbare Herbstsuppe einzigartig.*

Die Butter kurz aufschäumen lassen und die Zwiebel
darin, ohne Farbe annehmen zu lassen, langsam glasig
dünsten. Den Kürbis beigeben und kurz mitdünsten, dann
mit Geflügelfond und Rahm auffüllen. Langsam köcheln
lassen, bis der Kürbis weich ist. Alles gründlich mixen und
durch ein Sieb streichen. Mit den Gewürzen abschmecken.

Für die Marroni die Butter aufschäumen lassen, die
Selleriewürfel und den Zucker beigeben und leicht
karamellisieren lassen, die Marroni beigeben, den
Geflügelfond nach und nach dazugiessen und die Marroni
langsam glasieren, bis sie schön glänzen. Mit Salz und
Pfeffer abschmecken. Die Suppe in die Teller verteilen
und die Marroni in die Mitte setzen. Nach Belieben
Trüffel über die Suppe hobeln.

Tipp: Kurz gebratene Jakobsmuscheln geben der
Suppe einen weiteren königlichen Kick.

Ergibt etwa 70 Stück

240 g mehlige Kartoffeln (Bintje)
150 g weiche Butter
200 g Mehl
2 Prisen Salz
100 g Gruyère, fein gerieben

2 Eigelb
4 EL Rahm
Kümmel, nach Belieben
Fleur de Sel

kartoffel-grissini

*Normalerweise löst Apérogebäck bei mir Hustenanfälle aus,
die Kartoffeln halten in diesem Rezept die Stangen jedoch
wunderbar feucht.*

Die Kartoffeln in leicht gesalzenem Wasser kochen,
schälen und durch die Kartoffelpresse drücken,
ausdampfen und auskühlen lassen. Alle weiteren
Teigzutaten mit dem Kartoffelpüree rasch zu einem
homogenen Teig kneten und zu einer Rolle formen.
Mindestens 1 Stunde im Kühlschrank ruhen lassen.
Den Teig in 10 g schwere Portionen schneiden. Diese
jeweils zu dünnen Stangen rollen und 10 Minuten
ruhen lassen. Eigelbe und Rahm mischen und die
Grissini damit bestreichen. Mit Kümmel und Fleur de Sel
bestreuen und im Ofen bei 180 Grad 10 bis 15 Minuten
backen, bis die Grissini schön goldgelb sind.

5 Scheiben Weissbrot
200 ml Milch
50 g Butter
50 g Zwiebel, fein geschnitten
100 g kleine Gemüsewürfel
(Karotte, Sellerie und Lauch)
2 Knoblauchzehen, fein
geschnitten oder zerdrückt
1 Bund glattblättrige Petersilie,
fein geschnitten
1 TL Chilischote, in feinste
Würfelchen geschnitten

500 g Kalbshackfleisch
150 g Kalbsbrät
2 Eier
50 g Mascarpone
Salz, Pfeffer aus der Mühle
Weissbrotbrösel zum Panieren
Bratbutter
1 Chilischote
1 Rosmarinzweig

Kartoffelmayonnaise:
4 Eigelb
50 ml Tomatenessenz (siehe Seite 44)
oder Geflügelfond
150 g Kartoffelpüree
50 ml mildes Olivenöl
3 Knoblauchzehen, gepresst oder
fein geschnitten
Fleur de sel, Pfeffer aus der Mühle

hacktätschli mit kartoffelmayo

Die Weissbrotscheiben in der Milch einweichen,
gut ausdrücken und mit einer Gabel in einer Schüssel
gut zerdrücken. Die Butter aufschäumen lassen, Zwiebel,
Gemüsewürfel, Knoblauch und Petersilie darin leicht
glasig dünsten, auskühlen lassen und zum Brot geben.
Chili, Hackfleisch, Brät, Eier und Mascarpone sorgfältig
daruntermischen, gut durchkneten und mit Salz und
Pfeffer abschmecken. Aus der Masse Kugeln formen und
diese etwas flachdrücken, in Weissbrotbröseln panieren.
Die Hacktätschli langsam in der Bratbutter braten,
dabei zum Parfümieren Chilischote und Rosmarinzweig
mitbraten.

Kartoffelmayonnaise
Für die Kartoffelmayonnaise die Eigelbe mit der
Tomatenessenz schaumig schlagen. Das Kartoffelpüree
beigeben und gut verrühren. Das Olivenöl in dünnem
Strahl unter stetem Rühren einlaufen lassen, bis eine
schöne, homogene Masse entstanden ist. Den Knoblauch
beigeben und mit Salz und Pfeffer abschmecken.

600 g Saiblingfilets
100 ml Olivenöl
Thymian, abgezupfte Blättchen
Fleur de Sel
1 TL grob gemahlener schwarzer Pfeffer

saibling in olivenöl gegart

Auf diese Weise gegart, sieht der Fisch wie roh aus,
ist aber durchgegart und unglaublich saftig!

Die Saiblingfilets mit dem Olivenöl bestreichen.
Mit Thymianblättchen, Salz und Pfeffer bestreuen.
Die Fischfilets in eine Gratinform oder auf ein Backblech
legen und diese straff mit Klarsichtfolie abdecken. Im auf
80 Grad vorgeheizten Ofen etwa 12 Minuten garen (wenn
die Temperatur von 80 Grad nicht massiv überschritten
wird, nimmt dabei die Folie keinen Schaden).

Tipp: Statt Thymian fein geschnittenes Eisenkraut nehmen.

6 Entenbrüste
Fleur de Sel
Grob gemahlener schwarzer Pfeffer

3 Scheiben Toastbrot, gewürfelt
3 Zimtstangen

3 EL Butter
3 EL Honig
1 TL Zimtpulver
12 Zwetschgen, halbiert und entsteint

entenbrüstchen mit zwetschgen

Die Entenbrüste waschen und trockentupfen.
Allfällige Federansätze mit einer Pinzette entfernen und
überflüssiges Fett abschneiden. Die Hautschicht mit
einem scharfen Messer leicht einschneiden. Die Brüstchen
mit Fleur de Sel und Pfeffer würzen, mit der Haut nach
unten in eine kalte Bratpfanne legen und diese langsam
erhitzen (dadurch läuft das Fett besser aus der Hautschicht
ab und diese wird knuspriger). Das Fleisch unter stetem
Übergiessen mit dem austretenden Fett auf beiden
Seiten 8 bis 10 Minuten knusprig braten, dann im auf
80 Grad vorgeheizten Ofen 15 Minuten ruhen lassen;
die Entenbrüste sollen in der Mitte noch leicht rosa sein.
Die Hälfte des ausgelaufenen Fetts abgiessen.

Die Toastbrotwürfel zusammen mit den Zimtstangen im
heissen Fett knusprig braten, auf Küchenpapier entfetten.

Butter, Honig und Zimtpulver in einem kleinen Pfännchen
langsam erwärmen und auf die Entenbrüste streichen,
diese nochmals kurz im Ofen glasieren. Die Zwetschgen
zu den Entenbrüstchen geben und ebenfalls kurz warm
schwenken. Mit den Zimtcroûtons servieren.

Tipp: Perfekt auch mit Pfirsichen, dann aber den Zimt
weglassen und stattdessen mit einem kleinen Stück
frischem Ingwer parfümieren. Dazu passt Couscous
mit Trockenfrüchten und Nüssen (Seite 137) oder eine
sämige Polenta.

96

1,5 kg Rindsschulter
oder Rinderwade
2 Zwiebeln
1 Knoblauchzehe
3 Karotten
1 Sellerieknolle
1 Lorbeerblatt
10 Wacholderbeeren
2 Nelken
1 Chilischote
1 Rosmarinzweig

2 Flaschen Rotwein
100 ml Balsamico-
oder Rotweinessig
3 EL Bratbutter
2 EL Tomatenpüree
500 ml Geflügelfond
100 ml Rotwein
3 EL Mehl
Salz, Pfeffer aus der Mühle
1 EL Honig

Garnitur:
1 EL Butter
100 g Champignons
100 g Silberzwiebeln
50 g Weissbrotwürfel
6 Speckscheiben,
in feine Streifen geschnitten
1 EL Petersilie,
fein geschnitten

suure mocke

*Zeit, sehr viel Zeit, das ist das einzige Geheimnis dieses
alten Rezepts – und natürlich sollten Sie dafür einen Wein
verwenden, den Sie auch selbst gerne trinken würden.
Oder würden Sie in schlechtem Wein baden wollen?*

Das Fleisch in ein Geschirr passender Grösse legen.
Die Gemüse schälen und in grobe Würfel schneiden,
zum Fleisch geben. Sämtliche Würzzutaten in ein
Stoffsäckchen füllen und dazugeben. Mit Rotwein und
Essig übergiessen. 1 Tag bei Zimmertemperatur stehen
lassen und dann 1 Woche im Kühlschrank marinieren
lassen. Das Fleisch aus der Marinade nehmen und
trockentupfen. Die Marinade durch ein Sieb giessen
und das Gemüse beiseitelegen. Die Marinade aufkochen
und durch ein feines Passiertuch seihen. Das Fleisch
in der heissen Bratbutter rundherum schön anbraten,
das Marinadengemüse dazugeben und mitrösten.
Das Tomatenpüree beifügen und ebenfalls mitrösten.
Mit der Marinade und dem Geflügelfond ablöschen und
das Fleisch langsam zugedeckt etwa 1 Stunde weich
köcheln. Das Fleisch aus dem Kochfond nehmen und
warm stellen. Das Mehl mit dem Rotwein anrühren,
zum Kochfond geben und auf die gewünschte Saucendicke
einkochen, mit Salz und Pfeffer abschmecken und mit
dem Honig abrunden. Das Fleisch aufschneiden
und nochmals in der Sauce erwärmen.

Für die Garnitur Champignons und Silberzwiebeln
in Butter braten, die Brotwürfel und Speckstreifen
ebenfalls knusprig braten. Mit dem Fleisch anrichten
und mit Petersilie bestreuen.

Tipp: Dazu gehört ein schöner Kartoffelstock
aus Bintje- oder Agria-Kartoffeln.

halali im oktober

Der in Italien wieder angesiedelte Braunbär hat sich durch Schweizer Grenzsteine nicht beeindrucken lassen. Ob wir bei Werner wohl bald Bärenschinken bestellen und essen können? Wie auch immer. Die Jagd ist ein heikles Thema und sorgt allenthalben für rote Köpfe. Bei den Jägern, die den Gamsböcken hinterher klettern, wie auch bei den Gegnern, welche die Jagd wortgewaltig verbieten wollen. Für Werner ist die Jagd sinnvoll. Zumindest so, wie sie im Luzerner Seetal die Jagdgesellschaft Lieli-Sulz betreibt. Mit Respekt gegenüber Wild und Natur. Wofür Werner kein Verständnis hat, ist Zuchthirsch aus Neuseeland, Wildsau aus Trallala und Birne aus Büchse. Für ihn gilt: Weniger ist mehr. Wild von hier statt von dort, und wenn's gegessen ist, dann ist's vorbei. Auch wenn der eine oder andere nach noch mehr Wild schreit.

Manchmal, wenn die Jäger aus Lieli und Sulz ins Fricktal oder ins Elsass eingeladen werden, landet nach erfolgreicher Jagd eine Wildsau auf Werners Küchentisch. Eine Wildsaujagd kann allerdings dauern, und sie ist nicht immer von Erfolg gekrönt. Denn kein Tier hält den Jäger so zum Narren. Die Wildsau ist intelligent, zäh, schnell und gefährlich. Sie bringt den Bauern in Rage, der seine Maisfelder am liebsten mit einem Minenfeld vor dem Appetit der Eindringlinge schützen möchte. Und sie kennt die Marotten der Grünröcke. Auf der Flucht erreicht sie schnell einmal satte sechzig Stundenkilometer. Das verlangt Ausdauer von Jäger und Sau. Wird sie erlegt, erfolgt das Ausräumen vor Ort. Einer der Jäger hält das Tier fest und spreizt seine Läufe, ein anderer sticht ihm das Messer in den Bauch ... Die Wildsau wird mit Wasser ausgespült und mit dem Kopf nach oben zum Austrocknen an einen Baum gebunden. Danach kommt sie in einen Kühlraum, bis das Fleisch mürbe wird.

Nun ist Werner gefragt, der sich nicht an die opulenten Rezepte französischer Meisterköche hält, sondern mit leichten Saucen das kräftige Fleisch im Gaumen wirken lässt. So wie er es auch bei seinem Fasan tut, den er mit Lardo di Colonnato auf Rahmsauerkraut mit Trauben serviert. Kurz: Qualitätsarbeit für verschleckte Mäuler. Fazit: Gutes Wild will gut abgehangen sein und braucht seine Zeit, bis es bei Werner auf den Teller kommt. Wild ist für unseren Bratkünstler ein Festessen, das er mit Andacht zubereitet und zelebriert. Klasse statt Masse. Einmal mehr.

6 Fasanenbrüste
6 Scheiben Lardo di Colonnata
6 Rosmarinzweiglein
1 EL Bratbutter

Rahmsauerkraut:
1 EL Butter
500 g gekochtes Sauerkraut
250 ml Rahm
Salz, Pfeffer aus der Mühle
100 g frische Trauben,
halbiert und entkernt

fasan mit lardo auf rahmsauerkraut

Lardo di Colonnata ist ein schneeweisser Rückenspeck vom Schwein, der aus dem Städtchen Colonnata in der Toskana stammt. Meist haben nur noch alte, natürlich aufgezogene Schweinerassen einen so dicken Rückenspeck, wie er für diese Delikatesse benötigt wird. Wir geniessen den Lardo von unseren eigenen Wollschweinen!

Die Lardoscheiben auf der Arbeitsfläche auslegen, die Rosmarinzweiglein und die Fasanenbrüste darauflegen und darin einwickeln. Die Fasanenbrüste in der heissen Bratbutter auf beiden Seiten 5 Minuten langsam braten, dann im vorgeheizten Ofen bei 80 Grad warm stellen.

In der Zwischenzeit für das Rahmsauerkraut die Butter aufschäumen lassen und das Sauerkraut beigeben, mit dem Rahm auffüllen und diesen langsam einköcheln lassen, bis er leicht gebunden ist, mit Salz und Pfeffer abschmecken. Unmittelbar vor dem Servieren die Trauben beigeben.

Tipps: Fasanenbrüste trocknen beim Braten relativ schnell aus, der Lardo schützt sie davor. Da dieser Speck bereits gut gesalzen und gewürzt ist, braucht es keine weiteren Gewürze. Sie können die Fasanenbrüstchen ersatzweise auch in dünn geschnittenen normalen Kochspeck einwickeln. Statt Fasan Poulet- oder Perlhuhnbrüstchen verwenden.

2 kg Rehfleisch von der Schulter,
grob gewürfelt
2 Zwiebeln, grob geschnitten
5 Knoblauchzehen
1 kleine Sellerieknolle, geschält,
grob gewürfelt
1 Lorbeerblatt
2 Flaschen Weisswein
200 ml weisser Balsamicoessig
100 ml Weisswein
2 EL Mehl
500 ml Rahm
Salz, Pfeffer aus der Mühle

200 g gemischte Pilze
je nach Saison, geputzt
2 EL Butter
1 EL Petersilie, fein geschnitten

Uschis Serviettenknödel:
500 g altbackenes Weissbrot
250 ml Milch
250 ml Rahm
1 Zwiebel, fein geschnitten
2 EL Butter
1 Bund Petersilie, fein geschnitten
4 Eigelb
Salz, Pfeffer aus der Mühle
4 Eiweiss
Bratbutter

weisser rehpfeffer & uschis knödel

*Alle Zutaten, die bei einem normalen Rehpfeffer rot wären,
ersetzen wir mit weissen – ein Blanquette vom Reh,
ganz einfach! Diese Zubereitung steht bei uns auch oft
im Frühling oder Frühsommer auf der Karte, wenn wir
Mai- oder Sommerböcke bekommen.*

Das Rehfleisch mit Gemüse, Lorbeerblatt, Weisswein und
Balsamico in ein Geschirr passender Grösse geben und
zugedeckt im Kühlschrank 7 Tage marinieren lassen (man
nennt dies auch beizen). Das Fleisch aus der Marinade
nehmen. Die Marinade langsam aufkochen und durch ein
feines Tuch abgiessen; beim Aufkochen binden sich die
Trübstoffe, und wir erhalten einen klaren Fond. Diesen
Fond erneut aufkochen, das Fleisch dazugeben und langsam bei ganz kleiner Hitze etwa 1½ Stunden weich kochen.
Das Fleisch herausnehmen und warm stellen. Das Mehl
mit dem Weisswein verrühren, zum Kochfond geben, erneut aufkochen, den Rahm beifügen und zu einer sämigen
Sauce einkochen, kurz mixen und die Sauce durch ein Sieb
streichen. Fleisch beigeben, erwärmen und abschmecken.

Die Pilze in der heissen Butter kurz braten, erst ganz
zuletzt würzen und die Petersilie daruntermischen. Die
Pilze auf den weissen Rehpfeffer verteilen und servieren.

Tipp: Wenn Sie den Wildgeschmack nicht mögen,
probieren Sie dieses Gericht einmal mit Kalbfleisch;
am besten verwenden Sie dann gut durchwachsenes
Fleisch von der Kalbsbrust, es ist am saftigsten.

Uschis Serviettenknödel

Das Brot in 1 mal 1 cm grosse Würfel schneiden. Milch
und Rahm erwärmen, zu den Brotwürfeln giessen und
diese durchziehen lassen. Die Zwiebel in der Butter glasig
dünsten, die Petersilie dazugeben und kurz mitdünsten.
Zusammen mit den Eigelben unter die Brotmasse mischen
und abschmecken. Das Eiweiss steif schlagen und vorsichtig unter die Masse ziehen. 24 Stunden im Kühlschrank
ruhen lassen.
Ein genügend grosses Stück Frischhaltefolie auf der
Arbeitsfläche auslegen, die Brotmasse daraufgeben, zu
einer Wurst formen und einschlagen. Anschliessend in
Alufolie oder in eine Stoffserviette einwickeln und die
Enden mit Schnur zubinden oder abdrehen. Den Knödel
in leicht köchelndem Wasser 40 Minuten garen, dann
herausheben und abkühlen lassen. Aus der Folie wickeln
und in 1½ cm dicke Scheiben schneiden. Diese in
heisser Bratbutter goldbraun braten.

Tipps: 100 g fein geschnittene Speckwürfel mit den
Zwiebeln andünsten. Sie geben einen ausgezeichneten
Geschmack. Die passende Beilage auch zu einem
Pilzragout.

6 Hirschmedaillons
à 100 g, küchenfertig
Salz
1 EL milder Senf
2 EL grob gemahlener
schwarzer Pfeffer
2 EL Bratbutter

6 vollreife Feigen
1 EL Zucker
50 ml roter Portwein
1 EL Butter in Flocken

Portweinjus:
200 ml Wild- oder Kalbsfond
200 ml roter Portwein

Quarkspätzli:
250 g Mehl
3 Eier
300 g Vollrahmquark
1 TL Salz
30 g Butter

hirschmedaillons mit pfefferkruste

Die Pfefferkruste ist sehr scharf und muss nicht mitgegessen werden; sie soll das Fleisch nur aromatisieren und lässt sich mit dem Messer problemlos wegschaben. Am besten sagen Sie dies Ihren Gästen bereits vor dem Essen, sonst gibt es rote Köpfe …

Die Hirschmedaillons leicht salzen und auf einer Seite mit einer dünnen Schicht Senf bestreichen. Den groben Pfeffer darauf verteilen, andrücken und etwas antrocknen lassen. Die Medaillons bei nicht zu grosser Hitze auf der Pfefferseite in der Bratbutter kurz anbraten und auf der zweiten Seite 3 Minuten fertig braten, warm stellen. Der Pfeffer verbrennt schnell, daher die moderate Hitze!

Von den Feigen Stielansatz und Fliege entfernen, die Feigen halbieren und mit der Schnittfläche nach oben in eine Gratinform setzen. Mit Zucker bestreuen, mit Portwein beträufeln und die Butterflocken daraufsetzen. Im vorgeheizten Ofen bei 80 Grad 10 Minuten erwärmen.

Für den Portweinjus den Fond mit dem Portwein langsam einköcheln, bis die gewünschte Konsistenz erreicht ist. Den vom Garen der Feigen zurückgebliebenen Portweinsaft kann man ebenfalls zur Sauce geben. Die Medaillons mit den Feigen und mit Quarkspätzli als Beilage (siehe rechts) anrichten, mit dem Portweinjus beträufeln.

Quarkspätzli

Alle Zutaten bis auf die Butter in eine Schüssel geben und mit dem Handmixer oder in der Küchenmaschine 10 Minuten rühren. 1 Stunde ruhen lassen. Den Teig durch ein Spätzlisieb direkt in kochendes Salzwasser drücken oder vom Brett schaben. Sobald sie obenauf schwimmen, sind sie gar. Mit einer Schaumkelle herausheben und in kaltem Wasser abschrecken. Die Butter aufschäumen lassen und die Spätzli darin warm schwenken oder leicht goldbraun anbraten.

Tipps: Wählen Sie als Begleitung zu diesem Gericht mit seinen Akzenten von Frucht und Schärfe einen Wein, der sich durch Tiefe, Frucht und Kraft auszeichnet, zum Beispiel einen Amarone, Valpolicella oder Côte-du-Rhône. Rehrücken, Wildschwein oder auch Rindsfilet eignen sich ebenfalls hervorragend. In der «Braui» gibt es nach diesem Rezept ab und zu auch Lamarücken aus der Zucht eines Bauern aus dem Nachbardorf.

1,2 kg Rehrücken, küchenfertig
Salz, Pfeffer aus der Mühle
4 EL Bratbutter

Getrüffelter Wirsing:
600 g Wirsing, in feine
Streifen geschnitten
50 g Butter
50 g Trüffel, in
Stäbchen geschnitten
300 ml Rahm
Salz, Pfeffer aus der Mühle

Selleriepüree:
50 g Butter
500 g Knollensellerie,
geschält und gewürfelt
300 ml Rahm
Fleur de Sel, Zucker

rehrücken mit getrüffeltem wirsing

Das Fleisch würzen und in der heissen Bratbutter unter ständigem Übergiessen mit der Butter anbraten, bis es rundherum schön braun und knusprig gebraten ist. Anschliessend 3 Minuten in den auf 200 Grad vorgeheizten Ofen stellen. Heraus-nehmen und an der Wärme 10 Minuten ruhen lassen, damit sich das Fleisch entspannt und der Fleischsaft gleichmässig im Fleisch verteilt und bindet.

Getrüffelter Wirsing

Den Wirsing in kochendem Salzwasser kurz blanchieren und in kaltem Wasser abschrecken. Die Butter aufschäumen lassen und die Trüffel kurz darin andünsten. Den blanchierten Wirsing beigeben und mit dem Rahm aufgiessen. Langsam einköcheln lassen und abschmecken. Der Wirsing darf ruhig sehr weich werden, nur so entwickelt er zusammen mit dem Trüffel einen einmaligen Geschmack.

Selleriepüree

Für das Selleriepüree die Butter aufschäumen lassen. Die Selleriewürfel dazugeben und glasig dünsten. Dann portionenweise immer wieder etwas Rahm angiessen und den Sellerie weich köcheln. Mit dem Stabmixer fein pürieren, mit Fleur de Sel und etwas Zucker abschmecken.

600 g Kartoffeln (Charlotte), geschält
300 g Topinambur, geschält
1 Navet (weisse Rübe), geschält
200 g Marroni, frisch oder tiefgekühlt
100 g frische Silberzwiebeln, geschält
500 ml Rahm
Salz, Pfeffer aus der Mühle
200 g Steinpilze, geputzt
50 g Butter in Flocken

herbstgratin mit steinpilzen

Kartoffeln, Topinambur und Navet in 3 mm dicke
Scheiben schneiden. Das Gemüse mit den Marroni
und den Silberzwiebeln im Rahm gar köcheln, mit Salz und
Pfeffer abschmecken. Die Steinpilze im letzten Moment
unter das Gemüse mischen. Alles in eine ausgebutterte
Gratinform füllen und mit Butterflocken bestreuen.
Im vorgeheizten Ofen bei 180 Grad 30 Minuten backen.

Tipps: Navets oder weisse Rüben, auch Mai- oder
Herbstrüben ober bei uns Räben genannt, sind ein
Wurzelgemüse mit leicht kohlartigem Geschmack.
Einige Speckwürfelchen geben dem Gericht einen
zusätzlichen Kick, oder vielleicht dürfen es auch
einmal ein paar Trüffelscheiben sein.

200 g Butter, weich
200 g Zucker
1 Vanillestängel, ausgekratztes Mark
2 Eier
200 g gemahlene Mandeln
20 g Mehl
1 Butterblätterteigboden von zirka 30 cm Durchmesser
500 g Zwetschgen, halbiert und entsteint
1 Prise Zucker

zwetschgenkuchen

*Die Mandelmasse für diesen Kuchen ist ein Volltreffer –
aus der Hüftpespektive betrachtet nicht ganz ohne,
aber was soll's!*

Butter und Zucker mit dem ausgekratzten Vanillemark
schaumig schlagen. Die Eier nacheinander dazugeben
und weiterschlagen. Mandeln und Mehl beigeben und
glattrühren. Eine Kuchenform mit dem Blätterteig
auslegen und mit einer Gabel mehrmals einstechen.
Die Mandelmasse 1 cm dick auf den Teig streichen.
Mit den Zwetschgenhälften dicht belegen und diese
leicht zuckern. Bei 180 Grad im vorgeheizten Ofen etwa
30 Minuten goldbraun backen.

Tipp: Dieser Kuchen hält sich problemlos 2 bis 3 Tage;
das passiert aber nie, weil er zuvor schon gegessen ist –
mit Garantie! Statt der Zwetschgen funktioniert es ebenso
mit Äpfeln, Birnen, Aprikosen, Bananen, Johannisbeeren
oder Heidelbeeren, ganz nach Laune und Jahreszeit.

250 g Pinienkerne
250 g Haselnusskerne
1 EL Rosmarinnadeln, fein geschnitten
500 g Waldhonig

honignüsse mit rosmarin

*Herrlich zu Hartkäse und
ein schönes Mitbringsel.*

Pinienkerne und Haselnüsse in
einer Pfanne leicht rösten, um ihnen
mehr Geschmack zu entlocken. Den
Rosmarin und den Honig beigeben und
alles in ein Einmachglas abfüllen.

Tipp: Die Nüsse halten sich sehr lange.
Als Alternative oder zusätzlich können
Sie auch Mandeln, Pistazien oder
Baumnusskerne beigeben.

Ergibt etwa 25 Stück

100 g Butter
125 g Eiweiss (von zirka 5 Eiern)
125 g Zucker
125 g geriebene Mandeln
25 g Mehl

mandel-madeleines

Mein «Lieblings-Guetzli», das es bei mir immer zum Kaffee gibt. Machen Sie davon ruhig die doppelte Rezeptmenge – sie werden garantiert vernascht!

Die Butter langsam erhitzen und haselnussbraun werden lassen. Etwas abkühlen lassen, dann mit allen weiteren Zutaten gut verrühren und etwas ruhen lassen. Den Teig in Madeleineförmchen füllen (am besten Silikonformen verwenden, falls Metallförmchen verwendet werden, diese zuvor gut fetten). Bei 200 Grad mit Ober-/Unterhitze (mit Umluft bei 180 Grad) etwa 10 Minuten backen.

Tipps: Die Masse lässt sich gut auf Vorrat herstellen und, bereits in Spritzsäcke abgefüllt und flach gedrückt, tiefkühlen. Dann nur noch auftauen und fertigstellen. Schmeckt auch wunderbar mit anderen Nüssen anstelle der Mandeln und zusätzlich einigen Schokoladenwürfelchen.

500 g schwarzer Pfeffer, grob gemahlen
300 ml Grappa

grappa-pfeffer

*Bei uns verwenden wir diesen Pfeffer zusammen
mit Fleur de Sel als Tischgewürz.*

Den Pfeffer in ein Einmachglas geben. Mit dem Grappa
übergiessen und 2 bis 3 Tage quellen lassen. Der Pfeffer
sollte schön feucht sein. Es kann sein, dass es etwas mehr
Grappa braucht, dann einfach noch nachgiessen.

Tipp: Der Pfeffer verliert dadurch seine Schärfe und
wird mild und bekömmlich. Er schmeckt ausgezeichnet
zu grilliertem Fleisch und in Buttermischungen und
wird zum Abrunden auf die fertigen Speisen gestreut.
Statt Grappa Whisky oder Cognac verwenden.

winter

100 g Spinat (evtl. tiefgekühlt)
2 EL Butter
1 kleine Zwiebel, fein geschnitten
Salz, Pfeffer aus der Mühle
1 Prise Zucker
6 frische Eier
100 ml Rahm
50 g Trüffel
3 EL Butter zum Beträufeln
Fleur de Sel
12 Baguette- oder Weissbrotscheiben,
getoastet

trüffelei mit spinat im glas

*Die Jenaer Eiergläser gehören bei uns zum festen
Inventar. Sie sehen fantastisch aus, und es lassen sich
die schönsten Eierspeisen darin zubereiten. Sie können
aber für dieses Gericht genauso gut kleine Einmachgläser
verwenden oder irgendein hitzebeständiges Glas,
das Sie mit Klarsichtfolie gut verschliessen.*

Den Spinat gut waschen und trockenschleudern.
Die Butter erhitzen und die Zwiebel darin, ohne Farbe
annehmen zu lassen, glasig dünsten. Den Spinat
dazugeben und zugedeckt ganz kurz dünsten, bis er
zusammenfällt. Mit Salz, Pfeffer und Zucker abschmecken.
Den Spinat in die ausgebutterten Gläser verteilen.
Die Eier vorsichtig aufschlagen und in die Gläser gleiten
lassen. Den Rahm darüber verteilen. Die Trüffel hobeln
und ebenfalls darüber verteilen. Die 3 Esslöffel Butter
in einer Pfanne leicht bräunen und darüberträufeln.
Mit etwas Fleur de Sel würzen. Die Gläser verschliessen.
Im Dampfgarer oder Steamer oder auch im Wasserbad
8 Minuten garen. 1 Minute stehen lassen, dann servieren.
Dazu geröstetes oder getoastetes Brot servieren.

Tipp: Dieses Gericht schmeckt natürlich auch ohne Trüffel.
Ganz exklusiv wird es aber mit weissem Albatrüffel.
Als Alternative oder für alle, die Spinat nicht mögen,
das Ei auf etwas Kartoffelpüree geben.

3 Randen (Rote Bete)
1 TL Kümmel
1 Zwiebel, fein geschnitten
3 EL Apfelbalsamico- oder Apfelessig
3 EL Sonnenblumenöl
Fleur de Sel, Pfeffer aus der Mühle
1 TL Meerrettich, frisch gerieben
2 Äpfel
3 Stück Chicorée (Brüsseler Salat)
50 g Baumnusskerne

randensalat mit apfel und chicorée

Die Randen mit dem Kümmel in leicht gesalzenem
Wasser nicht zu weich kochen. Etwas erkalten lassen,
dann unter fliessendem Wasser schälen. Mit der
Röstiraffel grob reiben.

Die Zwiebel mit Essig und Öl sowie Salz, Pfeffer und
Meerrettich zu einer Vinaigrette rühren, abschmecken.

Die Äpfel vierteln und entkernen, in feine Scheiben
schneiden. Vom Chicorée den Stielansatz abschneiden
und die Blätter einzeln ablösen. Alle Salatzutaten auf
Tellern anrichten, mit der Vinaigrette beträufeln
und mit den Baumnusskernen garnieren.

Tipps: Servieren Sie den Salat lauwarm, so entwickelt
er am meisten Geschmack. Bei der Zubereitung der
Randen empfiehlt es sich, Plastikhandschuhe zu tragen,
sie färben sehr stark!

500 g ganz frisches Lachsfilet,
Haut und graue Fettschicht entfernt
50 ml Olivenöl
Fleur de Sel
1 unbehandelte Zitrone, Saft und nach
Belieben etwas abgeriebene Schale

Salate und Kräuter nach Angebot,
gewaschen und trockengeschleudert
1 EL weisser Balsamicoessig
1 EL Olivenöl
Fleur de Sel, Pfeffer aus der Mühle

lauwarmes lachscarpaccio

Den Lachs in 5 bis 7 mm dünne Scheiben schneiden
und auf die Teller legen. Mit dem Olivenöl bepinseln und
mit Fleur de Sel würzen. Nur gerade 30 Sekunden in den
auf 200 Grad vorgeheizten Ofen schieben. Herausnehmen,
mit etwas Zitronensaft beträufeln, nach Belieben mit
etwas abgeriebener Zitronenschale bestreuen.

Die Salate und Kräuter mit Essig und Öl anmachen und
würzen. Um den Lachs anrichten oder separat dazu reichen. Sofort servieren, damit der Lachs noch lauwarm ist.

Tipps: Herrlich passt dazu frisches knuspriges Baguette
oder geröstetes Bauernbrot. Geht auch mit Zander,
Saibling, Seeforelle oder Meeresfischen wie Thunfisch,
Steinbutt oder Seeteufel. Und zum perfekten Genuss
ein Glas Champagner dazu!

Für eine Gratinform von 1½ l Inhalt:

6 Scheiben Toastbrot oder Brioche, entrindet

200 ml Süsswein (am besten Sauternes)

300 ml roter Portwein

150 g Butter

4 Eigelb

1 Tonkabohne, gemahlen, oder

1 Vanillestängel, längs aufgeschnitten

5 Blatt Gelatine, in kaltem Wasser eingeweicht

120 ml Rahm, geschlagen

Salz, Pfeffer aus der Mühle

1 EL Zucker oder Honig

300 g Terrine von ungestopfter
Gänse- oder Entenleber

Portweingelee:

300 ml Portwein

1 EL Honig

3 Blatt Gelatine, in kaltem
Wasser eingeweicht

Birnensalat:

2 vollreife Birnen
(z.B. Alexander oder Williams)

1 EL Mandelöl

1 TL Apfelbalsamico-
oder Feigenessig

grob gemahlener schwarzer Pfeffer

gänse- oder entenleber-tiramisù

Zu Weihnachten darf es auch einmal etwas aufwendiger sein. Da das schlechte Gewissen den Genuss dieses Gerichts nicht trüben soll, verwenden wir ausschliesslich Leber von ungestopften Gänsen oder Enten.

Die Gratinform mit Frischhaltefolie auslegen, ein Stück Karton in passender Grösse ausschneiden und auf den Boden der Form legen, ebenfalls mit Folie bedecken. Auf diese Weise lässt sich das Tiramisù später ohne Probleme aus der Form heben und so ganz einfach aufschneiden. Das Toastbrot oder den Brioche kurz toasten und erkalten lassen. Die Form damit auslegen und mit dem Süsswein gut beträufeln, so dass das Brot schön saftig wird.

Den Portwein leise köchelnd auf 100 ml einreduzieren. Mit der Butter, den Eigelben und der gemahlenen Tonkabohne bzw. dem ausgekratzten Vanillemark in eine Rührschüssel geben und über einem heissen Wasserbad mit dem Schwingbesen aufschlagen, bis eine luftige Creme entstanden ist und die Masse leicht bindet. Die eingeweichte Gelatine ausdrücken und in einer Tasse über einem heissen Wasserbad schmelzen lassen, dann unter die Portwein-Butter-Creme rühren. Die Masse etwas auskühlen lassen und zum Schluss den geschlagenen Rahm darunterziehen. Mit Salz, Pfeffer und Zucker oder Honig abschmecken.

Die Gänse- oder Entenleberterrine in etwa 5 mm dünne Scheiben schneiden und auf die Brot- oder Briocheschicht in die Form legen, die Portweincreme darübergiessen und das Ganze 1 Stunde gefrieren lassen. So lässt sich anschliessend das Portweingelee über das gefrorene Tiramisù giessen, ohne dass die Creme verläuft.

Für das Gelee den Portwein mit dem Honig aufkochen und 2 Minuten köcheln lassen, die ausgedrückte Gelatine vorsichtig einrühren, dann etwas stehen und abkühlen lassen. Das Gelee darf auf keinen Fall Blasen enthalten! Vorsichtig auf die gefrorene Mousseschicht giessen und fest werden lassen, dabei das Ganze wieder auftauen lassen. Mit einem immer wieder in heisses Wasser getauchten Messer in gewünschte Portionen schneiden.

Birnensalat

Die Birnen schälen, halbieren und das Kerngehäuse entfernen. Das Fruchtfleisch in nicht zu feine Stäbchen schneiden und mit den restlichen Zutaten marinieren.

1,2–1,5 kg Kalbsrücken, sauber pariert
200 ml Olivenöl
3 EL Honig
je 2 Orangen, Zitronen, Limetten, Schale
(ohne das Weisse) in ganzen Stücken abgeschält
5 Knoblauchzehen
2 rote Zwiebeln
2 Vanillestängel, längs aufgeschnitten
4 Zimtstangen
2 Peperoncini (grosse, milde Chilischoten),
halbiert und entkernt

50 g frischer Ingwer, geschält
und grob geschnitten
2 Stängel Zitronengras, halbiert
und leicht gequetscht
je 1 EL Sternanis, Koriandersamen,
Kardamom, weisse Pfefferkörner,
Fenchelsamen, Kreuzkümmel,
rosa Pfeffer und Senfsamen
5 Lorbeerblätter
½ Bund Thymian
1 Rosmarinzweig
Salz, Pfeffer aus der Mühle
Fleur de Sel zum Anrichten

kalbsrücken mit 1001 gewürz

Dieses Gericht riecht herrlich nach Weihnachten!

Das Olivenöl mit dem Honig leicht erwärmen. Alle
Würzzutaten beigeben und 10 Minuten in der warmen
Öl-Honig-Mischung ziehen lassen. Über den Kalbsrücken
giessen und die Würzmischung leicht einreiben, damit
sich die Aromen gut mit dem Fleisch verbinden. 24 bis
48 Stunden an einem kühlen Ort marinieren lassen.

Das Fleisch aus der Marinade nehmen und anhaftende
Gewürze abstreifen. Das Öl durch ein feines Sieb
giessen und beides, Öl sowie abgesiebte Würzzutaten,
bereithalten. Den Ofen auf 200 Grad vorheizen. Etwas vom
durchpassierten Würzöl in einer grossen Pfanne erhitzen.
Den Kalbsrücken rundherum mit Salz und Pfeffer würzen
und unter stetem Begiessen mit dem Öl von allen Seiten
gut anbraten. Das Fleisch in eine ofenfeste Form geben
und im Ofen zuerst 20 Minuten bei 200 Grad braten,
dann die Temperatur auf 80 Grad reduzieren und das
Fleisch 1 Stunde nachgaren lassen. In der letzten halben
Stunde die beiseitegestellten Würzzutaten aus der
Marinade und das restliche Gewürzöl wieder dazugeben
und das Fleisch immer wieder damit übergiessen.
Das Fleisch aufschneiden, mit den Gewürzen
ausgarnieren, mit etwas von dem Gewürzöl beträufeln
und mit Fleur de Sel bestreuen.

Tipp: Etwas Portweinjus (siehe Gänse- oder
Entenleber-Tiramisù, Seite 133) passt hervorragend
dazu. Die perfekte Beilage ist ein Couscous mit
Trockenfrüchten und Nüssen (siehe Seite 137).

350 ml Geflügel- oder Gemüsefond
10 Safranfäden
1 Prise Salz
250 g Couscous
1 EL Olivenöl
3 EL gemischte Nüsse
3 EL gemischte Trockenfrüchte

couscous mit trockenfrüchten

Den Fond mit Safran und Salz aufkochen und etwas
stehen lassen, damit der Safran seine Farbe abgibt.
Den Couscous in einer Schüssel mit dem Olivenöl
vermischen und mit dem heissen Safranfond
übergiessen. Mit Frischhaltefolie zudecken und
an einem warmen Ort 10 Minuten quellen lassen.

Die Nüsse grob hacken und in einer beschichteten
Pfanne bei milder Hitze, ohne Fettstoff, goldbraun
rösten. Die Trockenfrüchte würfeln und ebenfalls kurz
mitbraten. Beides im letzten Moment vor dem Servieren
unter den aufgelockerten Couscous mischen.

Tipps: Verwenden Sie die Trockenfrüchte und
Nüsse, die Sie gerade im Vorrat haben, oder nehmen
Sie eine fertige Tuttifrutti-Mischung oder Studenten-
futter. Etwas frisch geriebener Ingwer und fein
gewürfelte Chili geben dem Couscous zusätzlichen
Pep. Schmeckt auch ohne Trockenfrüchte und Nüsse.
Stattdessen eingelegte getrocknete Tomaten, Oliven
und Basilikum oder einfach fein geschnittenes
Gemüse und frische Kräuter daruntermischen.

1–2 Kalbshuftdeckel (Tafelspitz), 1,8 kg

2l Geflügelfond

1 Flasche Weisswein

2 Zwiebeln, geschält und geviertelt

6 Knoblauchzehen, geschält

1 Lorbeerblatt

1 TL Safranpulver

1 Chilischote, ganz

Salz

20 Safranfäden

2 Karotten

2 Pfälzerrüben (gelbe Karotten)

200 g Stangensellerie

Salz, Pfeffer aus der Mühle, 1 Prise Zucker

500 g Kartoffeln (Charlotte), geschält

kalbstafelspitz mit safrangemüse

Und dann für ein paar Tage eingeschneit
das Haus nicht mehr verlassen…

Geflügelfond und Weisswein aufkochen, Zwiebeln, Knoblauch und Gewürze bis und mit Salz beigeben. Das Fleisch in den Fond legen, einmal aufkochen und dann bei kleinster Hitze zugedeckt etwa 1 Stunde ziehen lassen, bis es gar ist. Aus dem Fond nehmen und warm stellen. Die Safranfäden als zusätzlichen Geschmacks- und Farbakzent zum Fond geben.

Die Gemüse schälen und in gefällige Stücke schneiden. In den Safranfond geben und kurz weich köcheln, sie sollten noch leicht Biss haben. Mit Salz, Pfeffer und Zucker abschmecken. Die Kartoffeln ebenfalls im Safranfond weich kochen. Alles wieder erwärmen und servieren.

Tipp: Das Original wird mit Rindfleisch zubereitet. Dazu Senf oder die fantastische Kartoffelmayonnaise (Seite 92) reichen.

Marco D'Arcangelo

duftnoten im januar

Marco D'Arcangelo ist gelernter Steinmetz. Seine Skulpturen und Grabsteine sind im Luzernischen gefragt, seine Trüffel begehrt. Trüffel? Genau. Die sucht er nicht im Piemont oder im Périgord, sondern er findet sie auf der Rigi, im Luzerner Seetal, im Jura oder sonst wo. Er findet sie nicht allein, nicht mit dem Trüffelschwein, sondern mit seinen Hunden Onda und Amiro, denen keiner der knolligen schwarzen Pilze entgeht. Ganz zur Freude von Werner, der die Trüffel lustvoll und zu moderaten Preisen in seinen Speisen verarbeitet, was wiederum seine Gäste freut. Der Kreis schliesst sich.

Seit mehreren Jahren ist der gebürtige Italiener mit Leidenschaft und «Jagdfieber» in den Wintermonaten unterwegs, stets auf der Suche nach den schwarzen Knollen. Bis zu vierzehn Trüffelsorten können seine Hunde unterscheiden. Fündig werden sie häufig unter Haselbäumen und Buchen. Auf der Suche nach einem Familienhund war Marco auf die alte Hunderasse Lagotto Romagnolo aus der Poebene und damit auf Onda gestossen. Bereits als Welpe grub sie hartnäckig die lokalen Waldränder um, bis sie eines Tages eine Knolle fand, die sich nicht als Apfel, wie Marco zuerst glaubte, sondern als veritable Trüffel entpuppte. Die Trüffelgeschichte nahm ihren Lauf.

Verschwiegenheit ist in diesem Geschäft Pflicht und ein Teil des Erfolgs. Der Meister ist mit seinen Spürhunden in der Nacht unterwegs. Kein Licht, gar nichts verrät ihn. Doch während sich in Italien die Trüffelsucher gegenseitig die Hunde vergiften oder ihr Hinterlader «versehentlich» auch einmal nach vorne losgeht, sind die Zustände in der Schweiz durchaus zivilisiert. Trüffelsucher sind Exoten. Sie werden in Ruhe gelassen und können ihrer Passion ungestört nachgehen.

Übrigens: Auch das Wildschwein hat hier seine Nase mit im Spiel. Sein feiner Geruchssinn stöbert die Trüffel unter dem Boden spielend auf – zwei Bissen, ein Grunzen – schon ist es um die Delikatesse geschehen. Das Unverdauliche wird etwas später ausgeschieden, was zur weiteren Vermehrung der Trüffel führt.

500 g gehacktes Wildschweinfleisch
(ersatzweise Kalb- oder Rindfleisch)
50 g Butter
2 Zwiebeln, fein geschnitten
500 ml Geflügelfond
1 Lorbeerblatt
Salz, Pfeffer aus der Mühle
3 EL Weissbrotbrösel
1 Bund Petersilie, fein gehackt

500 g Hörnli
50 g Trüffel

ghackets mit hörnli und trüffel

*Ghackets – am liebsten vom Wildschwein – mit Hörnli
und Trüffel: Mein Leibgericht!*

Die Butter in einer Pfanne aufschäumen lassen.
Die Zwiebeln darin glasig dünsten. Das Fleisch beigeben
und, ohne Farbe annehmen zu lassen, anbraten.
Mit dem Geflügelfond ablöschen, das Lorbeerblatt
beifügen, mit Salz und Pfeffer würzen. Zum Binden
die Weissbrotbrösel dazugeben und alles zugedeckt
langsam 20 Minuten köcheln lassen. Falls nötig noch
etwas Flüssigkeit nachgiessen. Kurz vor dem Anrichten
die fein gehackte Petersilie daruntermischen.

Die Hörnli in Salzwasser al dente kochen und
abschütten. Mit dem Gehackten mischen und anrichten.
Die Trüffel darüberhobeln und servieren.

Tipp: Natürlich geht's auch ohne Trüffel! Im Frühling
kommen bei uns leicht angebratene Morcheln, im Sommer
und Herbst Steinpilze dazu. Ich mag das Gericht auch
ganz klassisch mit geriebenem Käse und Apfelmus.

145

6 Mistkratzerli, jeweils 500 g schwer, küchenfertig
18 Knoblauchzehen, ungeschält, leicht gequetscht
3 Chilischoten, halbiert und entkernt
6 Rosmarinzweiglein
6 Thymianzweiglein
50 g Trüffel, in feine Scheiben gehobelt
6 EL Butter, zimmerwarm
Salz, Pfeffer aus der Mühle

mistkratzerli mit trüffel gefüllt

Mistkratzerli sind junge Hühner, die drei Wochen lang frei herumlaufen, picken und nach Würmern suchen durften; sie sind etwa 500 Gramm schwer. Und selbstverständlich kommt da für uns nur Freilandqualität in Frage!

Die Mistkratzerli mit kaltem Wasser waschen und gut trockentupfen. Die Knoblauchzehen mit den halbierten Chilischoten und den Kräuterzweiglein in die Bauchhöhlen der Hühnchen füllen. Vom Hals her die Haut über den Brüsten lösen, damit Taschen entstehen. Die Trüffelscheiben unter die Haut schieben und diese wieder gut andrücken. Die Hühnchen mit der Butter bestreichen, mit Salz und Pfeffer würzen. Damit das Geflügel besser die Form behält und nach dem Braten schöner aussieht, die Beine mit Küchenschnur zusammenbinden. Die Mistkratzerli in eine grosse Gratinform oder auf ein Backblech setzen und im vorgeheizten Ofen bei 220 Grad 30 Minuten goldbraun braten. Mit einer Fleischgabel oder einer Zange eines der Hühnchen aus dem Ofen nehmen, um den Garzustand zu prüfen. Wenn die beim Anstechen austretende Flüssigkeit klar und nicht mehr rötlich ist, ist es gar.

Tipp: Die Trüffel braucht es natürlich nicht unbedingt, es schmeckt damit aber einfach unverschämt gut! Wenn man die Knoblauchzehen in der Schale mit der flachen Hand etwas anquetscht, sodass sie leicht platzen, geben sie ihren Duft und ihr Aroma fein dosiert an das Fleisch ab und aromatisieren es dezent.

1 Gans von 3–4½ kg, küchenfertig
3 Äpfel (Golden Delicious), geschält, entkernt
3 Zwiebeln, geschält
2 weisse Brötchen oder 4 Scheiben Toastbrot,
klein gewürfelt
1 Rosmarinzweiglein
Meersalz, grob gemahlener schwarzer Pfeffer
2 EL Honig
1 EL süsse Sojasauce

weihnachtsgans

Und vorher das Gänseleber-Tiramisù von Seite 133:
So stelle ich mir die Bescherung vor!

Die Gans kalt abwaschen und trockentupfen. Mit
einem scharfen Messer die Haut einritzen, damit beim
Braten das Fett ausläuft und die Haut schön knusprig
wird. Äpfel und Zwiebeln vierteln und mit dem Brot in die
Bauchhöhle der Gans füllen. Die Beine mit Küchenschnur
zusammenbinden und die Gans rundherum mit Salz
und Pfeffer würzen. In einen Bräter 1 cm hoch Wasser
füllen und die vorbereitete Gans mit der Brustseite nach
unten hineinlegen. Mit Alufolie abdecken und im auf
200 Grad vorgeheizten Ofen 30 Minuten braten. Die
Ofentemperatur auf 160 Grad reduzieren und die Gans
unter gelegentlichem Übergiessen mit der Bratflüssigkeit
weitergaren; dabei bleibt die Gans immer mit der Folie
abgedeckt. Nach 1½ Stunden Garzeit die Folie entfernen,
die Gans auf den Rücken drehen und weitere 30 Minuten
fertig braten. Die Gans ist gar, wenn der beim
Anstechen austretende Fleischsaft klar ist.

Den Honig mit der Sojasauce mischen und die
Gans damit bestreichen, nochmals bei 160 Grad für
10 Minuten in den Ofen schieben.

Den Bratensaft durch ein Sieb in eine Pfanne giessen
und mit einem Löffel vorsichtig dem Rand entlang
das auf der Oberfläche schwimmende Fett abschöpfen.
Den Bratensaft einkochen, bis er Saucenkonsistenz
hat und leicht bindet. Separat zur Gans servieren.

Tipp: Die Füllung esse ich nie mit, sie gibt der Gans
aber ein unheimlich gutes Aroma. Dazu servieren
wir gekochtes Rotkraut mit Preiselbeeren und
Kartoffelstock oder Uschis Serviettenknödel (Seite 109).

50 ml Wasser
50 g Zucker
20 g frischer Ingwer, geschält und
in feine Scheiben geschnitten
5 Passionsfrüchte
2 Bananen
2 Mangos
2 Kiwis
1 Papaya
12 Kumquats
50 ml Champagner

2 Eigelb, verklopft
6 Blätterteigrondellen von
12 cm Durchmesser
3 Vanillestängel, längs halbiert
6 Zimtstangen
12 Sternanis
1 EL Hagelzucker
1 EL Kardamomkapseln

exotische früchte unter gewürzteig

*Da geht der regionale Bezug baden, ich weiss. Als
Entschuldigung mögen die Vitamine herhalten, die mir
sonst im Winter einfach fehlen… Da kommen exotische
Früchte gerade richtig, aber wirklich nur im Winter!*

Wasser und Zucker mit dem Ingwer zu Sirup kochen.
Das Fruchtfleisch der Passionsfrüchte samt den Kernen
beigeben und 5 Minuten ziehen lassen, dann durch
ein Sieb streichen.

Die restlichen Früchte schälen und in nicht zu kleine
Stücke schneiden. In ofenfeste Förmchen oder
passende feuerfeste Glasschälchen verteilen, mit dem
Passionsfruchtsirup begiessen und etwas Champagner
dazugeben. Den Rand der Förmchen oder Gläser mit
Eigelb bestreichen, den Blätterteig darauflegen und
andrücken. Den Blätterteig mit Eigelb bestreichen, mit
den Gewürzen belegen und mit Hagelzucker bestreuen.
Im vorgeheizten Ofen bei 180 Grad 10 Minuten goldbraun
backen. Noch heiss servieren.

Tipps: Servieren Sie dazu Vanilleglace. Wenn Sie
eines der Gewürze nicht vorrätig haben, macht das
nichts – einfach weglassen.

6 Bananen
1 EL dunkler Rum
6 Brikblätter
2 EL flüssige Butter
2 EL Zucker
100 g dunkle Schokolade (64% Kakaogehalt)
2 EL geröstete Mandelsplitter
6 Zahnstocher

Früchte-Méli-Mélo:
1 Mango
1 Orange
2 Kiwis
1 Birne
100 g frische Ananas
50 g Puderzucker

banane im knuspermantel

Das ist eine Art knuspriger Banana-Split, nur besser! Oder wie mein Lieblingsfotograf sagt: «Ganz einfach Kinderweihnachten!» Gebacken wird die Banane im Brikblatt, das ist ein hauchdünner blättriger Teig aus der orientalischen Küche. Sie bekommen diesen Teig in tunesischen oder marrokanischen Läden und immer öfter auch in grossen Lebensmittelläden.

Zuerst, damit er durchziehen kann, den Fruchtsalat zubereiten:
Die Früchte schälen, von der Orange dabei auch das Weisse gründlich entfernen und die Orangenfilets sorgfältig herauslösen. Die übrigen Früchte klein würfeln. Sämtliche Früchte mit dem Puderzucker mischen und zugedeckt mindestens 30 Minuten ziehen lassen.

Die Bananen schälen und mit dem Rum parfümieren. Die Brikblätter mit flüssiger Butter bestreichen und mit Zucker bestreuen. Umdrehen, damit die gezuckerte Seite nach unten liegt und beim Backen karamellisiert. Die Bananen auf die Teigblätter legen. Die Schoklolade in einer Schüssel über einem heissen Wasserbad schmelzen, auf die Bananen streichen und mit den Mandelsplittern bestreuen. Die Bananen vorsichtig in den Teig einrollen und diesen mit einem Zahnstocher fixieren. Auf ein mit Backpapier belegtes Blech legen und im vorgeheizten Ofen bei 180 Grad goldbraun und knusprig backen. Noch warm mit dem Früchte-Méli-Mélo servieren.

Tipp: Servieren Sie dazu Vanilleglace oder eine Rosinen-Rum-Glace und etwas halbgeschlagenen Rahm.

1 Weissschimmelkäse
100 g Butter, zimmerwarm
12 EL Mascarpone
1 TL Fleur de Sel
50 g Trüffel, gesäubert

trüffelkäse

Wählen Sie einen nicht allzu reifen Weissschimmelkäse,
zum Beispiel aus dem Toggenburg oder aus Gstaad.
Wir verwenden dafür auch französische Sorten wie Brie
de Meaux oder Coulommier.

Den Käse mit einem in heisses Wasser getauchten
Messer quer halbieren. Die Butter schaumig schlagen,
Mascarpone und Fleur de Sel daruntermischen.
Die Trüffel fein hobeln, die Hälfte davon auf die eine
Käsehälfte streuen, mit der Buttermischung bestreichen.
Die restlichen Trüffelscheiben darauf verteilen und mit
der zweiten Käsehälfte abdecken. Gut andrücken und
in Frischhaltefolie einpacken. Mindestens 1 Woche
im Kühlschrank ziehen lassen.

Tipps: Nach demselben Rezept im Frühling mit 2 EL
fein geschnittenem Bärlauch, im Sommer mit 2 EL fein
geschnittenem Basilikum, im Herbst mit 50 g gehackten
Baumnusskernen zubereiten. Dazu frisch geröstetes
Bauernbrot geniessen.

Cheesecake:

100 g weisse Toblerone

100 g Butterkekse (z.B. Petit beurre)

50 g flüssige Butter

Belag:

700 g Frischkäse nature
(z.B. Philadelphia)

4 Eier

300 ml Vollrahm

100 g Puderzucker

4 EL Grand Marnier

2 EL Maisstärke (Maizena)

Rüeblitorte:

5 Eier

300 g Zucker

1 EL abgeriebene Zitronenschale

300 g Karotten, geschält und geraffelt

300 g geriebene Mandeln

4 EL Mehl

1 TL Zimtpulver

1 Prise Nelkenpulver

1 Prise Salz

1 TL Backpulver

4 EL Kirsch

Mohnkuchen:

9 Eier

200 g Butter, weich

240 g Zucker

1 Prise Zimtpulver

2 EL abgeriebene Zitronenschale

130 g gemahlene Haselnüsse

300 g Mohn, gemahlen oder gemörsert

1 Prise Salz

drei kuchen im glas

Mein Freund und Fotograf Sylvan Müller kam mit dieser Idee. Ein perfektes Mitbringsel oder Helfer in der Not, wenn einmal die Zeit zum Backen fehlt oder die Geschäfte schon geschlossen haben. Gut verschlossen halten sich diese Kuchen mehrere Monate. Sie schmecken immer, ob zu zweit oder ganz allein genossen, und sie werden immer besser…
Wichtig: Verwenden Sie konisch zulaufende Weckgläser zum Stürzen, sonst bekommen Sie den Kuchen nicht aus dem Glas. Ergibt jeweils 4 Weckgläser à 500 ml Inhalt.

Cheesecake

Die Toblerone-Schokolade fein hacken, die Kekse in einem Plastikbeutel mit dem Teigroller zerkleinern und beides anschliessend mit der flüssigen Butter gut vermischen. Die Gläser ausbuttern, die Bröselmischung auf dem Boden der 4 Gläser verteilen und gut festdrücken. Für den Belag alle Zutaten gut vermischen und in die Gläser füllen. Die Gläser sollten nicht mehr als dreiviertel hoch gefüllt sein.
In der unteren Hälfte des auf 180 Grad vorgeheizten Ofens 40 bis 50 Minuten backen. Aus dem Ofen nehmen und die Gläser sofort mit Gummiring und Deckel verschliessen; den Gummiring zuvor auskochen.

Rüeblitorte

Die Eier trennen. Die Eigelbe mit Zucker und Zitronenschale schaumig schlagen. Die geraffelten Karotten und die Mandeln darunterrühren. Mehl, Zimt, Nelkenpulver, Salz und Backpulver darunterziehen, den Kirsch beifügen. Das Eiweiss steif schlagen und vorsichtig unter die Masse ziehen. Die Masse in 4 ausgebutterte Gläser verteilen. Die Gläser nicht mehr als zweidrittel hoch füllen.
Im vorgeheizten Ofen bei 175 Grad mit Umluft etwa 40 Minuten backen. Aus dem Ofen nehmen und die Gläser sofort mit Gummiring und Deckel verschliessen; den Gummiring zuvor auskochen.

Mohnkuchen

Die Eier trennen. Die Eigelbe mit Butter, einem Drittel des Zuckers (80 g), Zimt und Zitronenschale schaumig schlagen. Das Eiweiss halb steif schlagen, den restlichen Zucker (160 g) dazugeben und den Eischnee fertig schlagen. Den Eischnee mit Haselnüssen und Mohn vorsichtig unter die Masse ziehen. Die Masse auf die ausgebutterten Gläser verteilen. Die Gläser nicht mehr als zweidrittel hoch füllen.
Im vorgeheizten Ofen bei 175 Grad mit Umluft 20 bis 25 Minuten backen. Aus dem Ofen nehmen und die Gläser sofort mit Gummiring und Deckel verschliessen; den Gummiring zuvor auskochen.

metzgete

nebeltage im november

Normierter Einheitsbrei, der heute von allem und
jedem Besitz ergreift, findet bei Werner keinen Nährboden.
Er ist ein Bollwerk gegen den kulinarischen Sittenzerfall.
Einer, der die Tradition hochhält und sein Umfeld damit
begeistert und fasziniert. Die von ihm ausgewählten
Schweine fressen nicht Mist, sondern laben sich täglich
an einem Festschmaus: Molke, Kartoffeln, Kohl – darob
vergisst jedes Schwein das Schlachtbeil. Klar! Alles
ist vergänglich. Das Schweineparadies ist von kurzer
Dauer. Und es dient, seien wir ehrlich, nur einem Zweck:
Der «Braui» Fleisch von bester Qualität zu liefern. Die
Wollschweine von Christine und Freddy Brönnimann
in Nunwil, hoch über dem Baldeggersee, haben keinen
Stress, viel Auslauf, immer reichlich zu fressen, kurz,
dürfen ganz einfach Schweine sein.

Ein Schwein zu schlachten erfordert von allen Beteiligten
Disziplin, eine strenge Organisation. Improvisation ist fehl
am Platz. Der Dirigent ist der Metzger. Er führt den Schnitt,
spaltet, zerteilt. Sein «Orchester» entbeint, löst aus, pariert,
hackt. Alles geht Hand in Hand, man teilt, man lebt – ganz
im Gegensatz zum Schwein.

Lunge, Herz, Leiste und Schwarte sieden in einer
grossen Kasserolle. Die Leber kocht einige Minuten mit,
danach geht alles durch den Fleischwolf, wird gewürzt
mit Salz, Pfeffer, Muskat, Nelken. «Zibeleschwaitzi» und
warme Milch werden beigegeben. Die Mischung gelangt
in die Naturrinderdärme, die Würste schwellen eine
halbe Stunde bei 85 Grad Celsius, danach werden sie
in Wasser gekühlt.

Schweineblut und Milch, gewürzt mit Salz, Pfeffer,
Majoran, Nelken, Zimt und Muskat sind die Ingredienzien
der Blutwurst. Auf jeden Liter Blut kommt ein Ei und
«Zibeleschwaitzi» hinzu. Grundzutaten, die mit Werners
Fantasie und Können verfeinert werden. Etwa mit
zerstossenen Äpfeln oder Anissamen.

Die Luft riecht würzig, der Raum ist mit Dampf gefüllt,
die Macher sind zufrieden. Tatsächlich. Gute Tage im
November. Nur: Werner wäre nicht Werner, würde er
sich auf ein Schlachtessen vom Schwein beschränken.
Im Mai folgt dasselbe vom Kalb. Leicht, mit Morcheln
und Spargel und mit allem, was das Kalb so hergibt.
Kennen Sie Kalbskutteln? Eben.

50 g Butter

1 Zwiebel, fein geschnitten

1 Karotte, geschält, klein gewürfelt

1 kleine Sellerieknolle, geschält, klein gewürfelt

1 Lauchstange, gewaschen, klein gewürfelt

200 g Rollgerste, über Nacht in kaltes Wasser eingeweicht

1 Kalbs- oder Schweinsfüsschen

1½ l Geflügelfond

100 ml Rahm

Salz, Pfeffer aus der Mühle

100 g geräucherte Entenbrust

1 Bund Schnittlauch, fein geschnitten

gerstensuppe mit entenspeck

*Diese Suppe ist eine Hommage an meinen Lehrmeister
Traugott Furer vom Morosani Posthotel in Davos.
Immer wenn ich diese Suppe mache, denke ich an meinen
ehemaligen «Chef».*

In einem grossen Topf die Butter aufschäumen lassen.
Die Zwiebel darin, ohne Farbe annehmen zu lassen,
langsam glasig dünsten. Das Gemüse dazugeben und
mitdünsten. Die abgegossene Rollgerste und das Kalbs-
oder Schweinsfüsschen beifügen und kurz mitdünsten.
Mit dem Fond auffüllen und zugedeckt leise köcheln
lassen, bis die Gerste weich ist. Falls die Suppe zu dick
ist, mit etwas Geflügelfond verdünnen. Mit dem Rahm
verfeinern und mit Salz und Pfeffer abschmecken. Nach
Belieben das Fleisch vom gekochten Füsschen lösen,
klein würfeln und in die Suppe geben. Die Suppe in
vorgewärmte Teller verteilen, mit Entenspeckscheiben
belegen und mit fein geschnittenen Schnittlauchröllchen
bestreuen.

Tipps: Das Füsschen macht die Suppe wunderbar
sämig und rund. Die Suppe immer erst am Schluss salzen,
so bleibt die Gerste schön weiss!

Für eine Terrinenform
von 1 Liter Inhalt

5 gepökelte und eingesalzene
Schweinehaxen, insgesamt zirka 2 kg
(beim Metzger vorbestellen)
2 l Geflügelfond
1 Flasche Weisswein (Chardonnay)
3 Zwiebeln, ungeschält, halbiert
6 Knoblauchzehen, fein geschnitten
1 Bund Petersilie, fein geschnitten
1 Chilischote, halbiert, entkernt,
ganz fein gewürfelt
Salz, Pfeffer aus der Mühle

250 g Sauerrahm
2 EL grobkörniger Senf
(Pommery oder Moutarde de Meaux)

schinkenterrine mit senfsauerrahm

*An unserer «Metzgete» wird diese Terrine immer als Vorspeise serviert,
und sie ist auch sonst das ganze Jahr über meist auf der Karte.*

Die Schweinehaxen über Nacht im Kühlschrank in kaltes Wasser
einlegen, damit sie nicht zu salzig sind. In einem grossen Topf
Geflügelfond und Weisswein aufkochen, die Haxen mit den halbierten
Zwiebeln hineinlegen und auf kleinster Hitze weich köcheln. Die
Haxen herausheben und abkühlen lassen. Das Fleisch auslösen,
die Schwartenteile und Knochen wieder zum Sud geben und diesen
weitere 30 Minuten ziehen lassen. In der Zwischenzeit das Fleisch
zerzupfen oder in kleine Würfel schneiden, mit Petersilie, Knoblauch
und Chilischote vermischen und etwas durchziehen lassen.

Den Fond durch ein feines Tuch giessen und mit einem Suppenlöffel
vorsichtig dem Rand entlang das auf der Oberfläche schwimmende Fett
abschöpfen. Den Fond auf etwa 500 ml einkochen. Die Fleischmischung
zum Fond geben und nochmals 5 Minuten köcheln lassen. Mit Salz und
Pfeffer abschmecken. Alles in eine mit Klarsichtfolie ausgelegte
Terrinenform füllen und im Kühlschrank über Nacht gelieren lassen.

Zum Servieren die Form ganz kurz in heisses Wasser stellen und stürzen.
Mit einem immer wieder in heisses Wasser getauchten Messer die Terrine
in Scheiben schneiden und anrichten. Für die Sauce den Sauerrahm mit
dem grobkörnigen Senf verrühren.

Tipp: Am besten schmeckt dazu ein knackiger Salat und frisch
getoastetes Weissbrot und natürlich ein Glas Chardonnay ...

600 g Schweinsfilet,
in 30 Medaillons geschnitten
Mehl
3 Eier
50 g geschlagener Rahm
Brotbrösel (Paniermehl)
aus getrocknetem Weissbrot
Salz, Pfeffer aus der Mühle
Bratbutter

Garnitur:
6 Spaghetti, roh
6 Lorbeerblätter
Zitronenspalten zum Servieren

Tomatenketchup:
200 g Zwiebeln, fein geschnitten
2 EL Olivenöl
100 g Zucker
1 EL Tomatenpüree
2 kg vollreife Tomaten, klein geschnitten
50 ml Sherryessig
1 Nelke
2 Wacholderbeeren
1 EL Meersalz
1 EL Malzpulver

uschis wienerschnitzel

Ein Klassiker bei uns in der «Braui». Uschi nimmt dafür immer Schweinsfilet und macht ganz kleine Schnitzel daraus, die wir dann übereinanderlegen, so ist jeder Biss knusprig. Ich liebe dieses Gericht ... und Uschi!

Die Medaillons dünn klopfen, am besten geht das zwischen zwei Lagen Frischhaltefolie oder in einem Plastiksack. Zum Panieren 3 tiefe Teller bereitstellen: In den ersten Mehl geben, im zweiten die Eier verklopfen und mit dem geschlagenen Rahm verrühren und in den dritten die Brotbrösel geben. Das Fleisch würzen und gut ins Mehl drücken, dann durch die Eimischung ziehen und mit den Bröseln panieren. In Bratbutter goldbraun und knusprig braten, dabei die Pfanne immer kräftig hin und her bewegen, so wird die Panade schön locker. Auf Küchenpapier abtropfen lassen.

Als Garnitur die rohen Spaghetti kurz in der Bratbutter mitbraten, bis sie hellbraun sind. Jeweils 1 Lorbeerblatt daraufstecken und das Ganze durch die auf dem Teller aufgetürmten Schnitzel stecken (so fällt der Turm nicht auseinander). Nach Belieben mit Zitronenspalten und einem Kartoffelsalat servieren.

Tipp: Natürlich kann man auch die Luxusvariante mit Kalbsfilet oder Kalbsnuss wählen. Dazu servieren wir am liebsten lauwarmen Kartoffelsalat und Preiselbeerkompott oder, wie rezeptiert, hausgemachtes Ketchup.

Tomatenketchup
Die Zwiebeln im Olivenöl andünsten, ohne Farbe annehmen zu lassen. Mit dem Zucker leicht karamellisieren, das Tomatenpüree beifügen und kurz mitdünsten. Die restlichen Zutaten dazugeben und bei kleinster Hitze langsam einköcheln lassen. Das Ganze durch ein Haarsieb streichen, nochmals abschmecken und heiss in Gläser abfüllen. Das Ketchup hält sich so sehr lange.

3 doppelte Schweinskoteletts mit Fett à zirka 500 g
Fleur de Sel, grob gemahlener schwarzer Pfeffer

Zitronenbutter mit Estragon und Chili:
100 g Kochbutter, zimmerwarm
1 Zitrone, fein abgeriebene Schale und Saft
½ Bund frischer Estragon, fein geschnitten
1 EL Chili, entkernt, ganz fein gewürfelt
1 TL grob gemahlener schwarzer Pfeffer
Fleur de Sel

doppeltes kotelett vom schwein

Wir haben das Fleisch für dieses Gericht natürlich von unseren Wollschweinen, die im Freien aufwachsen. Auch sonst lohnt es sich, beim Fleisch auf Bioqualität zu achten. Es sollte auch eine genügend dicke Fettschicht haben, dann ist es richtig schön saftig und geschmackvoll.

Bei den Koteletts die Fettschicht mit einem scharfen Messer bis fast zum Fleisch einschneiden. Die Koteletts würzen und zuerst auf der Fettseite, ohne weitere Fettzugabe, langsam anbraten, dabei läuft das Fett aus und das Fleisch wird schön knusprig. Die Koteletts auf beiden Seiten unter stetigem Übergiessen mit dem eigenen Fett etwa 10 Minuten goldbraun braten, dann 8 bis 10 Minuten bei 200 Grad im vorgeheizten Ofen fertig braten. Anschliessend im Ofen bei 80 Grad ruhen lassen. Das Fleisch aufschneiden und auf vorgewärmten Tellern anrichten.

Tipp: Dazu passen neue Kartoffeln, Kartoffelpüree und feines Gemüse je nach Saison oder einfach ein knackiger Salat.

Zitronenbutter mit Estragon und Chili
Die Butter schaumig schlagen. Zitronenschale und -saft beigeben, mit Estragon, Chili, Pfeffer und Fleur de Sel verrühren und abschmecken. Nocken abstechen und kühlen.

Tipps: Diese Buttermischung passt nicht nur zu Schweinefleisch, auch Fisch und Krustentiere lieben diese Aromen! Wir verwenden ab und zu Schafbutter; sie hat einen speziellen frischen Geschmack. Wenn Sie Estragon nicht mögen, verwenden Sie Basilikum. Diese Butter lässt sich auch auf Vorrat wunderbar einfrieren.

1 kg Kochspeck am Stück
1 Wirsing (Wirz)
3 EL Bratbutter
18 Silber- oder Saucenzwiebeln, geschält
6 kleine Navets (weisse Rüben), geschält
12 kleine Kartoffeln (Charlotte), geschält
3 Birnen (Alexander), geschält,
geviertelt und entkernt

Safran-Senf-Honig-Sauce:
1 EL Butter
1 EL Mehl
1 EL Dijonsenf
1 EL Honig
20 Safranfäden
100 ml Kochfond
300 ml Rahm

speck und wirsing

Den Kochspeck in leicht köchelndem Wasser zugedeckt
1 Stunde weich garen, aus dem Sud nehmen und warm
stellen. In der Zwischenzeit die Blätter vom Wirsing
ablösen, die Blattrippen herausschneiden und die Blätter
in feine Streifen schneiden. Den Speckkochsud erneut
aufkochen, den Wirsing dazugeben, einmal aufkochen
lassen und sofort in kaltem Wasser abschrecken, damit
die grüne Farbe erhalten bleibt. 100 ml vom Kochfond
abmessen und für die Sauce beiseitestellen.

Die Butter in einer grossen Pfanne aufschäumen lassen,
die vorbereiteten Saucenzwiebeln, Navets, Kartoffeln
und Birnenviertel hineingeben und zugedeckt im eigenen
Dampf weich dünsten, warm stellen.

Für die Sauce die Butter erhitzen und das Mehl einrühren,
Senf, Honig und Safran beigeben und mit dem beiseitegestellten Kochfond ablöschen. Den Rahm dazugiessen
und leicht einköcheln lassen. Den Wirsing dazugeben und
abschmecken. Den Wirsing mit dem Gemüse und den
Birnenvierteln anrichten und den Speck daraufsetzen.

Tipp: Passend wäre statt des Specks auch ein
saftiges Rollschinkli.

5 gepökelte Schweinshaxen à zirka 500 g
(beim Metzger vorbestellen)
1 EL Schweineschmalz oder Butter
1 Zwiebel, fein geschnitten
500 g Sauerrüben, roh
100 ml Weisswein
Salz, Pfeffer aus der Mühle
1 Prise Zucker

gepökelte schweinshaxe

*Sauerrüben sind eine Spezialität aus dem Berner Seeland
und dem Elsass. Weisse Rüben (Navets) werden dafür
wie Sauerkraut eingemacht.*

Die Schweinshaxen in reichlich Wasser auf kleiner
Hitze etwa 1 Stunde weich köcheln. Schmalz oder Butter
aufschäumen lassen und die Zwiebel darin glasig dünsten.
Die Sauerrüben beigeben und mit dem Weisswein
ablöschen. Zugedeckt ungefähr 30 Minuten weich
kochen, dann abschmecken. Die Haxen auf den
Sauerrüben servieren.

Tipps: Wenn Sie keine Sauerrüben bekommen, nehmen
Sie Sauerkraut. Dazu gehört scharfer Senf und ein Bier!

1,2 kg geräuchertes Schweinskarree
(Kasseler Rippenspeer)
oder geräucherter Schweinehals
1 l Wasser
500 ml Weisswein
12 Schalotten, geschält
1 Lorbeerblatt

Linsengemüse:
500 g grüne Linsen
1 Zwiebel, fein geschnitten
2 EL Butter
2 Knoblauchzehen
1 Karotte, geschält, fein gewürfelt
1 Pfälzerrübe, geschält, fein gewürfelt
1 kleine Sellerieknolle, geschält, fein gewürfelt
300 ml Kochfond
200 ml Rahm
1 Bund Schnittlauch, fein geschnitten

schweinskarree auf linsengemüse

Die Linsen über Nacht in kaltem Wasser einweichen
und quellen lassen. Sie lassen sich dann besser kochen
und zerfallen dabei weniger. Wasser und Weisswein
mit Schalotten und Lorbeerblatt aufkochen, das Fleisch
hineinlegen und zugedeckt 1 Stunde bei kleinster Hitze
garen lassen. Mit den Schalotten herausheben und warm
stellen. Etwa 300 ml Kochfond für das Linsengemüse
abmessen und beiseitestellen.

Die Linsen in ein Sieb abschütten und abtropfen lassen.
Die Zwiebel in der Butter andünsten, die Gemüsewürfel
beigeben und mitdünsten. Dann die Linsen dazugeben,
mit dem beiseitegestellten Kochfond aufgiessen und
etwa 30 Minuten weich kochen, zuletzt mit dem Rahm
verfeinern und nochmals gut abschmecken. Das Linsengemüse mit den Schalotten und dem Schweinskarree
anrichten. Mit Schnittlauchröllchen garnieren.

Tipp: Dazu passen in Butter geschwenkte und mit
etwas Fleur de Sel gewürzte Petersilienkartoffeln.

2 EL Schweineschmalz
500 g Kartoffeln (Agria), geschält, in Scheiben
oder Würfel geschnitten
2 Zwiebeln, in feine Streifen geschnitten
3 Äpfel (Golden Delicious)
500 g Blutwurst, vorgekocht, geschält,
in Stücke geschnitten
1 Zweig Rosmarin, Nadeln abgezupft
Salz, Pfeffer aus der Mühle

blutwurst-gröstel

Das Schweineschmalz in einer Bratpfanne erhitzen und
die Kartoffeln darin langsam rundherum goldbraun braten.
Die Zwiebeln dazugeben und mitbraten, bis sie ebenfalls
goldbraun sind. Nun die Äpfel schälen, entkernen, in
Schnitze schneiden und ebenfalls mitbraten. Die Blutwurst
beifügen und kurz mitbraten und alles mit dem Rosmarin
parfümieren. Mit Salz und Pfeffer abschmecken.

Tipp: In Deutschland, Österreich oder Frankreich ist die
Blutwurst fester als bei uns. Sie bleibt dadurch beim Braten
besser in Form; die unsrige sieht dann vielleicht nicht
mehr so schön aus, schmeckt aber besser!

jetzt geht's um die wurst

1 Zwiebel, fein geschnitten

1 EL Butter

3 kg frisches Schweinefleisch
(Wurstfleisch von bester Qualität, beim Metzger vorbestellen)

1 kg Speck vom Schweinenacken

45 g Fleur de Sel

1 EL Piment d'Espelette (siehe Tipp Seite 31)

1 EL frischer Majoran, fein geschnitten

zirka 5 m Wurstdarm (beim Metzger vorbestellen)

Schweineschmalz

meine ganz persönliche wurst

Würste sind mein Leben, dieses Rezept ist so einfach wie genial! Stellen Sie davon gleich eine grössere Menge her, denn je grösser die Fleischmenge, desto besser das Resultat.

Die Zwiebel in der heissen Butter leicht goldbraun andünsten, erkalten lassen. Das Fleisch und den Speck zusammen mit der gedünsteten Zwiebel durch die grobe Scheibe des Fleischwolfs drehen. Mit den Gewürzen gut mischen und abschmecken. Die Wurstdärme gut unter fliessendem Wasser spülen und bis zum Gebrauch in Wasser eingeweicht liegen lassen. Den Darm vorsichtig auf den Fülltrichter der Wurstmaschine stülpen. Die Maschine auf die kleinste Geschwindigkeit einstellen und die Masse vorsichtig in die Därme abfüllen. Die Länge der Würste können Sie selbst bestimmen; ist die gewünschte Länge erreicht, die Wurst einmal um die eigene Achse drehen und mit einem Stück Küchenschnur abbinden.

Die fertigen Würste in heissem Wasser bei 80 Grad 10 Minuten garen. Herausnehmen, sofort in Eiswasser abkühlen lassen und trockentupfen. Wenn Sie eine Vakuumiermaschine haben, können Sie die Würste nun paarweise vakuumieren. Ansonsten gut in Alu- oder Plastikfolie einpacken; sie halten sich so gut 2 bis 3 Monate. Am besten schmecken die Würste aber frisch, langsam in Schweineschmalz gebraten oder über dem Feuer grilliert.

Tipps: Die Fleischqualität ist von entscheidender Bedeutung; in meine Wurst kommt nur Biofleisch! Als Alternative zum Schweinefleisch geht auch Lamm, Gitzi oder Kaninchen. Geben Sie 1 EL Fenchelsamen in die Wurstmasse, das gibt einen ganz speziellen Geschmack und hilft erst noch, sie zu verdauen. Es gibt im Fachhandel einen sehr guten Fleischwolf mit Wurstaufsatz von Moulinex. Sonst fragen Sie einfach Ihren Metzger, er wird Ihnen bestimmt weiterhelfen – schliesslich beziehen Sie auch das Fleisch und die Wurstdärme von ihm.

Schwarze Mousse:
100 ml Rahm, flüssig
100 g schwarze Toblerone, zerkleinert
100 ml Rahm, geschlagen
Weisse Mousse:
100 ml Rahm, flüssig
100 g weisse Toblerone, zerkleinert
100 ml Rahm, geschlagen
Braune Mousse:
100 ml Rahm, flüssig
100 g braune Toblerone, zerkleinert
100 ml Rahm, geschlagen
6 TL Eierlikör

Eierlikör:
24 Eier
1 kg Puderzucker
2 Vanillestängel, ausgekratztes Mark
2 Tonkabohnen, fein geraspelt
800 ml Rahm
600 ml Trinkalkohol (90–96%,
erhältlich in der Apotheke)

schokoladenmousse mit eierlikör

Für diese dreifache süsse Verführung nehme ich –
wie könnte es anders sein – Toblerone-Schokolade!

Für jede der drei Mousses den Rahm aufkochen
und vom Feuer ziehen, die Schokolade beigeben
und schmelzen lassen, lauwarm abkühlen lassen und
dann den geschlagenen Rahm darunterziehen. Die drei
Mousses schichtweise in Gläser füllen. Kühl stellen.
Vor dem Servieren mit etwas Eierlikör begiessen.

Eierlikör
Alle Zutaten zusammen gut mixen und in saubere
Flaschen abfüllen, die ausgekratzten Vanillestängel
beigeben. Im Kühlschrank mindestens 1 Woche stehen
lassen. Vor dem Gebrauch gut schütteln.

Tipps: Verwenden Sie für dieses Rezept nur beste und
frischeste Eier, wenn möglich in Bioqualität. Ich beziehe
meine Eier vom Sonnenhof in Hochdorf. Und ab und an
bringt mir mein Freund Marino Aliprandi auch welche
von seinen Hühnern aus der Bresse mit – das ist dann
wie ein Sechser im Lotto!
Der Eierlikör passt gut zu Fruchtsalat oder Erdbeeren,
über Vanille-, Schokoladen- oder Kaffee-glace und
schmeckt auch herrlich zu Vermicelle. Durch Zugabe
von 150 g Kaffeebohnen, die ganz mitgemixt werden,
erhalten Sie einen fantastischen «Kaffeelikör»; diesen
dann nach einer Woche durch ein feines Sieb abgiessen.

500 g Marronipüree, fertig gekauft
oder selbst gemacht
2 EL Kirsch
6 EL Eierlikör (siehe Rezept Seite 186)
6 Meringueschalen
Vanilleglace
100 ml Rahm, geschlagen
1 EL Pistazien, gehackt

Marronipüree:
1 kg rohe oder 500 g tiefgekühlte geschälte Marroni
200 ml Milch
1 Vanillestängel, längs aufgeschlitzt, ausgekratzt
100 g Zucker
2 EL Kirsch

wernicelle

Der Name verpflichtet!

Das Marronipüree mit dem Kirsch parfümieren und
gut verrühren. Den Eierlikör in Schälchen oder Gläser
verteilen, jeweils eine Meringueschale und eine oder
zwei Kugeln Vanilleglace daraufsetzen. Das Marronipüree
mit einer Marroni- oder Kartoffelpresse auf die Meringue
drücken. Mit geschlagenem Rahm garnieren und
mit gehackten Pistazien bestreuen.

Marronipüree selbst gemacht

Die frischen Marroni mit einem scharfen Messer auf
der gewölbten Seite kreuzweise einritzen, in kochendem
Wasser 5 Minuten garen (sie dürfen aber nicht zu weich
werden), abgiessen und so heiss wie möglich schälen
(dabei am besten mit Handschuhen arbeiten), die
braunen Häutchen ebenfalls entfernen. Die geschälten
frischen Marroni oder die tiefgekühlten Früchte in einem
Siebeinsatz zugedeckt über Dampf sehr weich garen;
dies dauert bei frischen Marroni etwa 20 Minuten und
bei tiefgekühlten etwa 10 Minuten. Gut abtropfen lassen.
Inzwischen die Milch mit dem aufgeschlitzten Vanillestängel und dem herausgekratzten Mark aufkochen und
neben der Herdplatte mindestens 10 Minuten ziehen
lassen. Nochmals aufkochen und den Vanillestängel
entfernen. Die gekochten Marroni und den Zucker
beifügen und alles auf kleiner Hitze noch 2 bis 3 Minuten
kochen lassen. Dann mit dem Stabmixer sehr fein
pürieren. Sollte die Masse zu dick sein, noch etwas Milch
dazugiessen. Das Püree vollständig auskühlen lassen.

alphabetisch

impressum

© 2009
AT Verlag, Baden und München
Rezepte: Werner Tobler
Reportagetexte: Martin Jenni
Fotos: Sylvan Müller, fabrik studios, Luzern
Foodstyling: Oliver Roth, Zürich
Grafische Gestaltung: Stefan Haas, Luzern (haasgrafik.ch)
Fotolitho: Brigitte Hürzeler, fabrik studios, Luzern
Druck und Bindearbeiten: Offizin Andersen Nexö, Leipzig
Printed in Germany

ISBN 978-3-03800-475-2

www.at-verlag.ch